Thomas Sieling

Schwamm drüber!

Was ein Schulleiter im Alltag
über Gott und das Leben lernt

Thomas Sieling

Schwamm drüber!

Was ein Schulleiter im Alltag
über Gott und das Leben lernt

Thomas Sieling
Schwamm drüber!
Was ein Schulleiter im Alltag über Gott und das Leben lernt

Bestell-Nr. 273.998
ISBN 978-3-89436-998-9

Soweit nicht anders vermerkt,
wurde die folgende Bibelübersetzung verwendet:
Revidierte Elberfelder Bibel © 1985/1991/2008 SCM R.Brockhaus
im SCM-Verlag GmbH & Co. KG, Witten

1. Auflage
© 2012 Christliche Verlagsgesellschaft, Dillenburg
www.cv-dillenburg.de
Satz: Christliche Verlagsgesellschaft Dillenburg
Umschlaggestaltung: Christliche Verlagsgesellschaft Dillenburg
Umschlagmotive: *Hand:* © Marc Dietrich/shutterstock; *Tafel:*
© woaiss/shutterstock; *Kritzeleien:* © maigi/shutterstock,
© De-V/shutterstock; *Block:* Graphic design/shutterstock;
Schrift im Streifen: © Roman Sigaev /shutterstock
Druck: CPI Moravia
Printed in Czech Republic

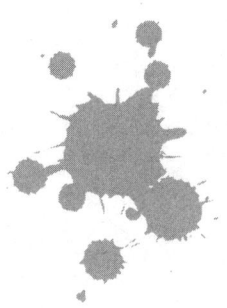

Inhalt

Schwamm drüber!

„Hömma!" – So sagen wir im Ruhrgebiet, wenn wir die Aufmerksamkeit unseres Gegenübers bekommen wollen.

„Hömma, mir is da en Ding passiert", weist dann schon darauf hin, dass jetzt etwas nicht ganz Alltägliches kommt.

„Ja, kuck doch ma!", geht es weiter. „Und zwar bin ich Lehrer geworden."

Das ist natürlich sensationell. Ein ganz dicker Kracher. Lehrer. Gibt's ja gar nicht. Irre! Das ist *die* Story! Bäcker, Schornsteinfeger, Automechaniker – das wäre ja alles völlig in Ordnung. Aber Lehrer?!

„Pass auf! Nich irgendein Lehrer! Grundschullehrer! Darum geht sich dat doch."

Ach so. Dann ist natürlich alles klar. Grundschullehrer kommt ja auf der Berufe-Sensationsliste

7

direkt hinter Astronaut und noch weit vor Erdbeben-forscher. Also, Grundschullehrer zu sein, das ist schon ... ja ... äh ... also das ist schon irgendwie ... äh ... ganz groß.

So weit die Vorrede, verehrte Leserin, verehrter Leser.

Für mich war es nach dem Studium der Fächer „Deutsch" und „Sozialwissenschaften" für die Klassen 5 bis 13 und dem zweijährigen Referendariat an einer Metallberufsschule und einem Gymnasium in Gelsenkirchen in der Tat sensationell, im Jahre 1992 als Klassenlehrer vor den Kindern der 2a der Georg-Müller-Grundschule in Bielefeld zu stehen.

Rückblickend erscheint mir die damalige Situation irgendwie unwirklich. Und doch erlebte ich die Zeit damals als ungemein wertvoll und prägend für meine weitere Laufbahn.

Gerne denke ich an „meine" Zweitklässler zurück. Vor allem an eine Begebenheit ...

*

Die Klasse 2a – das sind 30 liebenswerte Individuen, die es immer sehr lustig finden, wenn ihr Lehrer mal wieder keine Ahnung hat.

„In der Grundschule geht das nicht so!" – „Du musst die Hausaufgabe doch an die Tafel schreiben, nicht nur sagen!" – Solche Hinweise nehme ich als Anfänger gerne auf und passe mein Verhalten den Bedürfnissen der Kinder an. Das finde ich an meiner neuen Aufgabe gar nicht so schwer.

Was aber ist eigentlich in der Grundschule zu tun, wenn es mir im Unterricht zu laut wird? Oder wenn einzelne Kinder stören? Diese Fragen stelle ich natürlich meinen erfahrenen Kolleginnen und Kollegen. Ich erhalte verschiedene, durchaus praxistaugliche Hinweise. Ein allgemeingültiges, erfolgversprechendes Rezept gibt es aber offenbar nicht.

Es kommt, was kommen muss: Durcheinander in der Klasse. Störungen. Ich überlege kurz und entscheide mich für die Methode einer Kollegin: Den Namen eines Störenfrieds schreibe ich gut sichtbar an die Tafel.

Immerhin. Ich entdecke Fragezeichen in etlichen Gesichtern. Es kehrt eine nervöse Stille ein.

„Nach der nächsten Störung setze ich einen Strich hinter diesen Namen, und das bedeutet: Es gibt eine Erziehungsmaßnahme", erkläre ich bedeutungsschwer.

So kennen mich die Kinder noch gar nicht.

Was folgt, ist das Spiel, das alle erfahrenen Eltern, Lehrerinnen und Lehrer nur zu gut kennen. Es heißt: „Wie weit kann ich gehen?"

Hier die Kurzversion: Benjamin und Kevin stehen schon sehr bald mit einem Strich hinter ihrem Namen an der Tafel.

Die Spannung steigt. Was wird die Erziehungsmaßnahme sein? Ich beziehe die Kinder in meine Überlegungen mit ein. „Was ist denn eurer Meinung nach angemessen?"

„Nachsitzen!"

„Eine Seite abschreiben!"

„In der Pause im Klassenzimmer bleiben!"

„Den Eltern Bescheid sagen!"

So und so ähnlich äußern einige Mitschüler ihre ehrliche Meinung, begleitet von Zustimmung oder Ablehnung – je nachdem, wie angemessen die Maßnahme empfunden wird.

(Die Fragwürdigkeit meines pädagogischen Handelns – oder genauer: Mein schwachsinniges Lehrerverhalten – ist mir, was die Sache leider auch nicht besser macht, erst viel später bewusst geworden.)

Dann kommt eine weitere Meldung. Der Junge sagt: „Sie könnten den Schwamm nehmen und die Namen mit dem Strich einfach auswischen."

Es dauert ein wenig, bis mir die Bedeutung seiner Worte so recht bewusst wird. Als es so weit ist, steht augenblicklich eine Kindheitserinnerung lebhaft vor meinem inneren Auge: Ich habe damals ein strenges elterliches Verbot übertreten. Es war angekündigt worden, dass es in diesem Fall Schläge geben würde. Und die gab es auch. Aber nicht für mich! Mein Vater verpasste sich selbst einen kräftigen Schlag auf seine linke Wange ...

Zurück zur Klasse 2a.

Namen einfach auswischen.

Mit meiner Kindheitserinnerung im Hinterstübchen erkläre ich den Kindern, dass, wenn ein Gesetz gebrochen wird, eine Maßnahme unbedingt sein muss. Und darum gibt es jetzt auch eine Maßnahme für Benjamin und Kevin.

Die Mienen der beiden zeigen deutlich, dass sie mit dem Schlimmsten rechnen. Doch bei der Verkündung der Maßnahme – zehn Mal „Ich darf den Unterricht nicht stören!" ins Klassenheft schreiben –

zeichnet sich ein wenig Entspannung ab. Es hätte noch schlimmer kommen können.

Nach einigen Einwänden, die von „Viel zu luschig!" bis zu „Ganz schön heftig!" reichen, wird die Maßnahme von der Klasse 2a schließlich akzeptiert.

Nun fordere ich Benjamin und Kevin laut und deutlich dazu auf, mir ihre Hefte zu geben.

Was kommt jetzt?, fragen sich die Kinder. Ich habe die volle, ungeteilte Aufmerksamkeit der ganzen Klasse. Große, fragende Kinderaugen sind auf mich gerichtet. Die beiden Jungen sollen doch in ihre Hefte schreiben. *Wie soll denn das gehen, wenn der Lehrer die Hefte hat?*

Es ist eine gewisse mit Unverständnis vermengte Empörung zu spüren. Die erfährt eine erste Entladung, als ich in die Runde frage: „Habt ihr alle begriffen, dass die Strafe wirklich sein muss?"

Voller Überzeugung tönt es aus 28 Mündern: „Ja!"

Benjamin und Kevin stehen bei mir am Lehrerpult. Dass sie so im Mittelpunkt stehen, gefällt ihnen nicht wirklich. Aber noch ist es nicht vorbei. Im Gegenteil. Es geht eigentlich gerade erst los.

Und zwar in dem Moment, als ich beginne, mit meiner eigenen Hand den ersten der geforderten Sätze in Benjamins Heft zu schreiben.

Ungläubige Blicke völlig irritierter Kinder verfolgen mein Tun. Ein zaghaftes Stimmchen fragt: „Schreibst du das jetzt alles?"

Als ich mit „Ja" antworte, platzen einige heraus: „Warum das denn?"

Ich erzähle mein Kindheitserlebnis.

Es ist still im Klassenraum.

Ein Mann, der Schläge auf sich nimmt, die eigentlich jemand anders bekommen müsste – das ist absolut nicht alltäglich. Die Kinder haben einiges zu bedenken. Ich auch.

Mir gehen Worte durch den Kopf, die ich vor vielen Jahren auswendig gelernt habe: „Jedoch unsere Leiden – er hat sie getragen, und unsere Schmerzen – er hat sie auf sich geladen. Wir aber, wir hielten ihn für bestraft, von Gott geschlagen und niedergebeugt. Doch er war durchbohrt um unserer Vergehen willen, zerschlagen um unserer Sünden willen. Die Strafe lag auf ihm zu unserm Frieden, und durch seine Striemen ist uns Heilung geworden" (Jesaja 53,4–5).

Hier spricht der Prophet Jesaja von Jesus Christus. Ihm allein habe ich es zu verdanken, dass Gott mir gnädig ist und mir die Strafe für meine Schuld nicht auferlegt, weil Jesus mein Stellvertreter geworden ist und freiwillig die Strafe, die ich verdient hätte, auf sich genommen hat.

In der Hoffnung, dass meine Übernahme der Strafe für Benjamin und Kevin sowie die Geschichte aus meiner eigenen Kindheit den Jungen und Mädchen der 2a eine winzig kleine Anschauung von Gottes Güte gegeben hat, verabschiede ich 30 reichlich nachdenklich wirkende Kinder in die große Pause.

Beschämter Dackel Waldi

Kennen Sie die Geschichten in 1. Mose 11, 1–9 und Apostelgeschichte 2,1–13?

In der ersten geht es um den Turmbau zu Babel, als die Menschen beschlossen, einen Turm zu bauen, der bis an den Himmel reichen würde, um „sich einen Namen zu machen". Doch Gott verwirrte die Sprache der Menschen, sodass es ihnen unmöglich wurde, sich untereinander zu verständigen, und sie ihren Plan nicht vollenden konnten.

In der zweiten Stelle geht es um das allererste Pfingstfest. Die ersten Christen hatten sich versammelt, als der Heilige Geist sie erfüllte und sie anfingen, in anderen Sprachen als in ihrer Muttersprache zu reden.

Wie Sie sehen, geht es in beiden Texten um das Thema „Sprache". Sprache ist eine tägliche Quelle der Freude, aber auch des Leids. Der weise Salomo geht sogar so weit, zu behaupten: „Tod und Leben sind in der Gewalt der Zunge ..." (Sprüche 18,21).

Wenn es dabei auch nicht um Leben und Tod geht, so zeigt uns der Text aus 1. Mose 11 doch etwas von der verheerenden Wirkung, die eintritt, wenn Menschen nicht in einer verständlichen Sprache miteinander reden. Die Betroffenen sind völlig verwirrt und entfernen sich buchstäblich meilenweit voneinander. Bis heute sprechen wir von einem „babylonischen Sprachengewirr", wenn wir den Eindruck haben, dass man einander trotz vieler Reden nicht versteht und keine Einigung erzielt werden kann. Andererseits drücken wir mit den Worten „in einer Sprache sprechen" Einverständnis aus. Wenn man die Sprache des anderen spricht, versteht man einander – so wie die ersten Christen, von denen in der Apostelgeschichte berichtet wird: Menschen reden in fremden Sprachen, die sie nie gelernt haben. So hören Leute aus aller Welt in den ihnen vertrauten Klängen von den großen Taten Gottes (Apostelgeschichte 2,11). In der Folge wenden sich an diesem Tag etwa 3000 Menschen dem christlichen Glauben zu!

Ja, die Sprache hat schon eine enorme Kraft.

Und so verwundert es sicher nicht, dass Sprache in jeder Schule großen Raum einnimmt. Vom Buchstaben zur Silbe, von der Silbe zum Wort und von dort zum Satz. So haben wir alle einmal angefangen. Dann folgen erste kurze Texte. Sehr beliebt, um sich daran zu üben, sind die bekannten „Papa-Moll-Bildergeschichten". Auch in meiner Klasse 4.

Und jetzt – endlich – kommt auch der Dackel aus der Überschrift ins Spiel. Mit ihm nämlich macht Papa

Moll in einer der besagten Bildergeschichten einen Spaziergang. An der langen Leine gehend verheddert der Hund sich an einem Laternenmast und bringt so sein Herrchen zu Fall.

Das Resultat: Empörung und Wut bei diesem, Unschuldsmiene und Ratlosigkeit bei dem Hund.

Im vorletzten Bild erfolgt dann die Auflösung der Verwirrung und beim letzten ist wieder Harmonie zwischen den Spaziergängern Papa Moll und Dackel Waldi zu erkennen.

Die Kinder sollen nun zu den Bildern einen passenden Text schreiben. Ich bin schon gespannt auf die Lektüre der Schülerarbeiten. In diesen Aufsätzen steckt immer so viel Kreatives und Individuelles drin, dass es eine Freude ist, sie zu lesen. Bei manchen braucht man nicht einmal den Namen auf dem Heft zu lesen. Man erkennt ganz schnell, wer der Autor ist. So auch bei David.

Der fußballbegeisterte Junge ist sehr pfiffig. Ein fröhlicher, stets höflicher und sehr angenehmer Schüler. Er ist voll in die Klasse integriert und jederzeit zu allem möglichen Blödsinn bereit. Ein richtiger Viertklässler eben. David lebt in einem familiären und gemeindlichen Umfeld, in dem „Kanaanäisch"* Standardsprache ist. Das prägt. Auch den Schreibstil.

Und so verhilft David mir zu einem der heitersten Momente bei Korrekturarbeiten während meiner gesamten

---

* Kanaanäisch: eine christliche Gruppensprache, oft in freikirchlichen oder pietistischen Gemeinden verwendet; beeinflusst von traditionellen Bibelübersetzungen (Luther, Elberfelder). Weicht erheblich von der Alltagssprache ab.

Lehrerlaufbahn. Gleichzeitig macht dieser Moment mich aber auch sehr nachdenklich. Wie spreche ich eigentlich mit meinen Mitmenschen? Rede (und schreibe) ich in verständlichen Worten? Wenn schon ein Junge von neun Jahren so schreibt, wie wirkt sich meine viel längere, ähnliche Prägung auf meine Ausdrucksweise aus? Finden womöglich heute viele Menschen in meiner Umgebung nicht den Zugang zum christlichen Glauben, weil ich als Christ eine Sprache verwende, die für sie eine Fremdsprache ist?

Damit Sie verstehen, was ich meine, hier eine Kostprobe aus Davids Text: „... Waldi aber wollte einen eigenen Weg gehen. Er lief fort und die Leine verwickelte sich um eine Laterne. Da fiel Papa Moll hin. Er schimpfte. Da war der Dackel Waldi sehr beschämt ...“ Wie viele Neunjährige kennen Sie, bei denen das Wort „beschämt" zum Alltagswortschatz gehört?

Noch heute bringt mich der beschämte Dackel zum Schmunzeln. Ich sehe da den Jungen, der auch ich selbst sein könnte, vor mir, an einem Sonntagnachmittag einer Predigt zuhörend – mal mehr, mal weniger – und dabei Worte aufnehmend, die es so nur hier zu hören gibt. Worte, die einfach da sind, Worte und Redewendungen, die aber von Menschen jenseits der Gemeindemauern nicht verstanden werden.

Ein Punkt jetzt am Ende dieser Geschichte, ein Doppelpunkt hoffentlich für klare, verständliche Worte über Gott und die Welt.

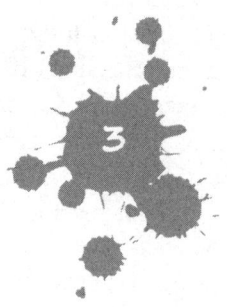

Ein nicht ganz normaler Bruno

Bruno fällt auf. Gleich am ersten Tag. In der ersten Stunde. Er ist anders. Nicht auf den ersten Blick. Ein Neuer – wie alle anderen auch. Und neu ist heute ganz und gar unauffällig. Denn alles ist neu – für alle.

Die Gesamtschule, der in der Aula improvisierte erste Klassenraum, das Mobiliar und natürlich der Lehrer und die Schüler. Neu und damit auch noch ein wenig fremd.

Das sorgt für Anspannung. Wie das wohl alles werden wird? Ob die Mitschüler auch nett sind? Ist der neue Lehrer streng?

Diese und viele weitere Fragen stehen meinen „Fünfis" ins Gesicht geschrieben. Bis jetzt wissen sie ja nicht einmal alle Namen ihrer neuen Mitschüler. Nur gut, dass wenigstens einige gemeinsam in der Grundschule waren. Das gibt immerhin ein bisschen Sicherheit.

Meine Aufgabe ist es, dieses Gefühl von Sicherheit jetzt allen Schülerinnen und Schülern zu vermitteln. Ein erster Schritt dazu ist die Vorstellungsrunde.

Wenn der große, starke Junge mit den dunklen Haaren erst einmal einen Namen hat, verliert er vielleicht etwas von seiner leicht bedrohlichen Wirkung. Und das Mädchen da in der zweiten Reihe sieht doch eigentlich ganz nett aus. Es wird bestimmt eine gute Freundin für einige andere Mädchen, die genau das dringend brauchen.

Ich habe die Kinder und ihre Eltern bereits bei den Aufnahmegesprächen ein wenig näher kennengelernt. So kommen mir die Gedanken zu den Einzelnen ganz automatisch. Aber heute ist die Situation ganz anders. Nicht Mama, Papa oder Lehrer sind jetzt wichtig. Jetzt geht es darum, in der neuen Klasse gut aufgenommen zu werden. Nur – wie macht man das?

Für die Jungen ist die Sache denkbar einfach. Es gilt, exakt drei Dinge zu beachten:

1. Cool wirken.
2. Cool wirken.
3. Cool wirken!

Bei den Mädchen ist es etwas komplexer. Da geht es dann mehr um ... Entschuldigung; ich schweife ab. Es geht doch um Bruno.

Um die folgende Szene in ihrer ganzen Fülle genießen zu können, sollten Sie jetzt die Augen schließen. Dann haben Sie vor Ihrem inneren Auge Bild und Ton dazu.

Ach nein, geht ja nicht. Sie lesen ja. Und mit geschlossenen Augen ... Nun ja ...

Ein Kind nach dem anderen stellt sich kurz vor. Nennt den eigenen Namen, sagt etwas über die Eltern, Geschwister, Haustiere und Lieblingsschulfächer.

Sehr originell. Jawohl!

Die oben erwähnte Coolness der Jungen äußert sich dabei in einer betont unbetonten, nuscheligen Sprechweise und recht knappen Angaben. Etwa so: „Bassi, ein Brua, zwei Schwesta, keine Viecha, Sport un – kla – Pause, ha ha."

Hier die Übersetzung: „Mein Name ist Sebastian, ich habe einen Bruder, zwei Schwestern und, nein, Haustiere haben wir nicht. Meine Lieblingsfächer sind Sport und – das ist doch klar – Pause. Ha ha."

Diese Art männlicher Vorstellung (von lat. *ars, artis* – die Kunst!) wird von allen Jungen gepflegt. (Anm. des Verfassers: Beispiele für Vorstellungen der Mädchen füge der geneigte Leser bitte kraft eigener Fantasie hinzu; Weglassen erfolgt ausschließlich aus dramaturgischen Gründen.)

Weil dieser Einschub in Klammern, auch vom Autor bemerkt, den Lesefluss der Geschichte empfindlich stört, hier der freundliche Hinweis darauf, dass der folgende Satz bei „.... Vorstellung ... wird von allen Jungen gepflegt" anknüpft.

Das heißt: von allen, bis – genau! – bis auf Bruno. Seine Vorstellung ist anders. Ganz anders. Zunächst nimmt Bruno Haltung an. Oberkörper und Beinapparat bilden auf dem Stuhl einen extrem genau gemessenen 90-Grad-Winkel. Die Unterarme befinden sich, entsprechend winklig angeordnet, auf der Tischplatte, die Fingerspitzen der feingliedrigen Hände berühren einander leicht.

Der Junge hat bereits jetzt die ungeteilte Aufmerksamkeit der Mitschülerinnen und Mitschüler und auch, falls möglich, die gesteigerte Aufmerksamkeit des Lehrers.

Nun wendet Bruno den Kopf, zunächst drei Zentimeter nach rechts, dann drei Zentimeter nach links. Ich versichere Ihnen: Es sind drei Zentimeter und nicht dreieinhalb! Er räuspert sich, nachdem der Kopf in Ausgangsposition zurückgebracht ist, und beginnt dann mit glockenklarer Stimme gut verständlich und jede Silbe einzeln betonend zu sprechen: „Bruno Schumann. Mein Name ist Bruno Schumann."

Er sagt nicht mehr. Auf meine Frage zu weiteren Informationen wiederholt er seine Worte in exakt gleicher Intonation.

Am meisten überrascht mich in diesen Minuten das Verhalten der Mitschüler. Niemand lacht. Alle spüren, dass hier ein ganz besonderer Mensch bei uns ist. Ein Mensch, der anders ist als andere. Und genauso von Gott gewollt, geliebt und wertgeschätzt. In all den Jahren bleibt Bruno Bruno.

Seine Lehrerinnen und Lehrer und die Mitschülerinnen und Mitschüler akzeptieren ihn so, wie er ist. Das ist nicht immer ganz einfach. Brunos Möglichkeiten, normale soziale Kontakte zu knüpfen, sind massiv beeinträchtigt. Da fühlt sich so mancher von Brunos anscheinend schroffen Ablehnung vor den Kopf gestoßen.

Doch bei aller Auffälligkeit im Sozialverhalten verblüfft der Junge oft durch seine geistige Brillanz.

Einmal Gelerntes scheint er niemals zu vergessen. Und etwas zweimal zu lesen oder zu rechnen kommt für ihn gar nicht infrage. Er speichert alles beim ersten Mal ab.

Erst Jahre nach seinem Schulabschluss erfahre ich durch einen privaten Kontakt, dass diese Fähigkeiten ein Aspekt des bei Bruno leider erst spät diagnostizierten Asperger-Syndroms sind. Es handelt sich dabei um eine Variante des Autismus, bei der häufig herausragende Inselbegabungen* auftreten. Man denke etwa an die Filmfigur Raymond Babbitt (gespielt von Dustin Hoffman) in *Rain Man*.

Ein Erlebnis der besonderen Art verdanke ich Bruno bei meinem Besuch in seinem Praktikumsbetrieb ...

*

Bruno ist inzwischen in der neunten Klasse und absolviert das obligatorische dreiwöchige Betriebspraktikum. Wir haben für ihn einen Platz beim örtlichen Energieversorgungsunternehmen bekommen.

Weil Bruno sich natürlich auch dort recht schweigsam zeigt und einige Mitarbeiter in verschiedenen Abteilungen nicht recht wissen, wie mit ihm umzugehen ist, bittet man schließlich den freundlichen älteren Herrn am Empfang, der auch für die Verteilung der Post und die Telefonvermittlung zuständig ist, sich um den Jungen zu kümmern.

---

* Inselbegabung: eine besondere Begabung in einem kleinen, abgegrenzten Bereich.

Der nimmt die Herausforderung an und erlebt mit Bruno auf seine alten Tage etwas Einmaliges, nie zuvor da Gewesenes.

Grenzenloses Erstaunen liegt auf dem Gesicht des Mannes, als er mir berichtet:

„Ich habe in aller Ruhe erklärt, wie das hier so geht, habe dem Jungen beschrieben, wo er wen findet, und ihn dann losgeschickt, die Post zu verteilen – unter anderem einen Brief für eine bestimmte Person. Als einen oder zwei Tage später wieder Post für ebendiese Person kam, habe ich Bruno natürlich wieder erklärt, wo er hinmüsste. Der hat mich nur groß angeguckt und gefragt, warum ich ihm das denn noch einmal erkläre. Er wisse doch, in welchem Zimmer die Leute säßen. Ich habe mir meinen Teil gedacht, den Jungen aber machen lassen. Als ich am nächsten Tag dann aber bei einem Telefonat nach der Rufnummer eines Mitarbeiters auf meiner Liste suchte und Bruno ganz nebenbei, ohne hinzusehen, die richtige Zahlenkombination nannte, wurde ich doch hellhörig. Ich fragte ihn, woher er denn diese Telefonnummer kenne. Na ja, er habe doch zwei Tage hier gesessen und die Listen mit den Namen, den Zimmer- und Telefonnummern gelesen. Die kenne er jetzt eben auswendig. Weil ich das nicht glauben konnte, stellte ich meinen Schlaumeier-Praktikanten auf die Probe", erzählt der ältere Herr heiter weiter.

„Sie können sich vorstellen, wie ich geguckt habe, als der tatsächlich alles in seinem Kopf hatte. Ich mache das hier jetzt seit über 20 Jahren, aber so etwas ..."

Sehr nachdenklich kehre ich in die Schule zurück. Was mag wohl aus diesem Jungen werden? Eins weiß ich jedenfalls ganz genau: Wenn Bruno zum Finanzamt geht, sollte in seinem Zuständigkeitsbereich niemand ein krummes Ding in Sachen Steuern drehen. Dem entgeht kein einziger Cent. Und über noch etwas denke ich nach. Über ein Kinderlied. Da heißt es: „Ja, Gott hat alle Kinder lieb, jedes Kind in jedem Land. Er kennt alle unsere Namen, alle unsere Namen, hält uns alle, alle in der Hand."

Ist das nun naiv? Ist das kindliches Wunschdenken, geboren aus der Sehnsucht, gekannt und gehalten zu werden? Immerhin steht so etwas Ähnliches ja auch in der Bibel: „Ich habe dich bei deinem Namen gerufen, du bist mein" (Jesaja 43,1). Und Jesus empfiehlt seinen Jüngern, sich darüber zu freuen, dass ihre Namen in den Himmeln angeschrieben sind (Lukas 10,20).

Und wenn mir nun Gott diesen Bruno deswegen in mein Leben gestellt hat, um mir zu zeigen, wie phänomenal schon ein menschliches Hirn im Speichern von Namen und Zahlen sein kann? Wenn er mir, dem oft von Zweifeln geplagten, kleingläubigen Thomas, in väterlicher Güte einen menschlichen Hinweis auf seine göttliche Speicherkapazität geben will?

Tja, einem Gott, der Menschen wie Bruno schaffen kann, dem ist doch wohl wirklich alles zuzutrauen.

PS: Bruno Schumann ist heute als Fachangestellter bei einem Steuerberatungsbüro im Raum Hagen, Gevelsberg, Ennepetal tätig. In seiner Kirchengemeinde beschäftigt er sich hauptsächlich mit – da kommen Sie nicht drauf! – der Verwaltung der Finanzen.

Das ist mein Weg!

Sie ist bis heute die Erste und Einzige. Seit 2009 haben etwa 120 Schülerinnen und Schüler nach der Klasse 10 die Freie Christliche Hauptschule in Gummersbach verlassen. Doch von allen diesen hat nur sie es: das Abitur. Mit einem Notendurchschnitt von 2,2. Larissa hat es geschafft!

Von ihr und ihrem bemerkenswerten Weg bis zu diesem vorläufigen Ziel möchte ich in dieser Geschichte erzählen. Es ist ein Weg, auf dem ich Larissa seit dem 1. August 2004 als Klassenlehrer und Schulleiter begleiten durfte.

An dieser Stelle eine Erklärung: Wenn ich auch gerne Geschichten erzähle – ich würde sie hier nicht wiedergeben, wenn ich sie nicht für außerordentlich lesenswert halten würde. Schließlich haben schon mehr als nur eine Hauptschülerin den Weg zum Abitur erfolgreich bestritten. So außergewöhnlich ist das ja nun nicht. Wohl wahr. Aber wenn Sie – so wie ich – vor Ihrem inneren Auge jedes Mal, wenn Sie diese Worte hören: „Ich vergesse, was dahinten, strecke mich aber aus nach dem, was vorn ist, und jage auf das Ziel zu ..." (Philipper 3,13–14), eine 13-jährige Hauptschülerin vor sich sehen, die in der Realschule gescheitert ist, dann ist das schon eine kleine Geschichte wert.

Wenn Ihnen danach ist, eine Ermutigung für das beharrliche Verfolgen eines Ziels auch unter schwierigsten Umständen zu bekommen, dann lade ich Sie ein weiterzulesen ...

*

Frühjahr 2004: Das, was als hoffnungsvolle Schullaufbahn begann, ist nur noch ein Trümmerhaufen. Was schiefgehen konnte, ist schiefgegangen: Die Ehe der Eltern liegt in Trümmern, die Leistung im Keller. Das Verhältnis zu Lehrern und Mitschülern ist zunehmend unerträglich. Die Entwicklung zeigt eine klare Richtung: abwärts.

An der städtischen Realschule gibt es keine Zukunft für Larissa. Den Wechsel zur städtischen Hauptschule empfinden sie und mehr noch ihre Mutter als Sturz ins Bodenlose. *Nur das nicht!*

Bevor es zum ganz und gar freien Fall kommt, ziehen Mutter und Tochter die Reißleine.

Von Bekannten werden sie auf unsere Schule aufmerksam gemacht. Wenn schon Hauptschule, dann doch lieber die private Alternative. Vom ersten Moment des Gesprächs an wird deutlich, dass das Mädchen, das da vor mir sitzt – Larissa –, ein besonderes ist. Mit der Klarheit eines Bergsees, bei dem man bis auf den Grund schauen kann, beschreibt Larissa ihre Situation. Sie beschönigt nichts, es gibt kein Klagen über fremde Schuld, kein Jammern über die schwierigen Umstände. Sie betont den Wert der Unterstützung durch ihre Mutter sowie ihre Bereitschaft, hart zu arbeiten, und bittet schließlich ganz einfach darum, eine Chance zu bekommen. Es rührt mich an, als Larissas Mutter hinzufügt: „Bitte geben Sie meiner Tochter einen Schulplatz. Sie hat das wirklich verdient."

Gott sei Dank lässt die Schülerzahl zu diesem Zeitpunkt zu, dass ich Larissa aufnehme. Mit ihrem ruhigen, ausgeglichenen Wesen und ihrem freundlichen Auftreten findet sie leicht Zugang zu Mitschülerinnen und Mitschülern. Ganz schnell gehört sie dazu, als wäre sie immer schon dabei gewesen. Auch ihre Lehrerinnen und Lehrer sind durchweg angetan von ihrem Verhalten und ihrer Leistungsbereitschaft. Wir Erwachsenen – vielleicht am meisten ihre Mutter – sind fasziniert von der Entwicklung, die wir in den folgenden Wochen erleben.

Larissa blüht auf. Sie zeigt ein Phänomen, für das in der Pflanzenwelt die Primel bekannt ist: Ausgedörrt, von der Sonne verbrannt, lag sie am Boden. Völlig erschlafft, dem Ende nahe. Was für die Primel das Wasser, ist für Larissa offenbar ihre neue Schule. Mit allem, was sie hat, nimmt sie die Erfrischung auf, gewinnt neue Kraft, richtet sich auf und zeigt wieder ihre frischen, bunten Farben. Ob das vielleicht auch daran liegt, dass Larissa an unserer Schule von Jesus hört, der sagt: „… wer […] von dem Wasser trinken wird, das ich ihm geben werde, den wird nicht dürsten in Ewigkeit …" (Johannes 4,14)?!

Nach der Zeugniskonferenz steht ein Gespräch mit dem Mädchen an. Innerhalb eines Jahres hat Larissa den Nachweis erbracht, dass sie in allen Fächern gute bis sehr gute Leistungen erbringen kann. Ich muss ihr den Wechsel nahelegen. Eigentlich ein Grund zur Freude. Doch Larissa ist inzwischen ein so festes Mitglied der Klassengemeinschaft, dass weder Mitschüler noch Lehrer sie gehen lassen wollen. Aber natürlich gebietet es die Professionalität, der Schülerin den Weg in die „höhere" Schulform zu weisen. So beschwichtige ich meine Traurigkeit, eine tolle Schülerin so bald wieder abgeben zu müssen.

„Sie bleibt ja im Gebäude" und „Für sie ist es wohl besser" – mit solchen Gedanken gehe ich in das Gespräch. Allerdings komme ich über ein paar einleitende Worte nicht hinaus. Denn auch auf diese Situation ist Larissa bestens vorbereitet:

„Entschuldigen Sie, dass ich unterbreche", sagt sie. „Sie wollen mir wahrscheinlich den Wechsel zur Realschule empfehlen. Das ist nett. Aber: Nein, danke! Ich habe mir das alles genau überlegt und schon mit Frau Tutt (Anm. des Autors: eine Freundin der Familie, die als Sozialpädagogin an einer Förderschule tätig ist) gesprochen. Was ich hier habe, weiß ich. Zurück an eine Realschule will ich nicht. Ich mache hier bei Ihnen meinen Einser-Abschluss, dann gehe ich zum Berufskolleg und mache in vier Jahren das Abitur, verbunden mit

einer Erzieher-Ausbildung. Danach studiere ich Sozial-
pädagogik und mache so etwas wie Frau Tutt. Das ist
mein Weg."

Nach diesem Vortrag meiner 14-jährigen Hauptschülerin fehlen mir, der ich nun wirklich sehr, sehr
selten sprachlos bin, die Worte. Das gibt es doch gar
nicht!

Vermutlich beschreibt „ungläubig glotzend" ziemlich treffend die Art und Weise, wie ich Larissa in diesem Moment ansehe.

Da entfaltet dieses Kind vor mir einen Lebensplan
für die nächsten sechs bis sieben Jahre seines Lebens.
Ein definiertes Ziel und eine klare Streckenführung bis
dahin. Ich bin geplättet. Das liegt sicher auch daran,
dass Larissa ihren Plan so darstellt, dass ich ihr abnehmen muss, dass sie das alles ganz genau so meint und
auch durchziehen wird. Natürlich meldet sich da in mir
diese Stimme, die sagt: „Ach, Mädchen, du bist noch so
jung. Da wird noch so viel geschehen. In ein paar Wochen gibst du selbst nichts mehr auf das, was du heute
sagst." Aber das behalte ich für mich. Tatsächlich äußere ich meine Freude über Larissas Entscheidung, bei
uns zu bleiben, und sichere ihr meine Unterstützung
und die Hilfe des ganzen Kollegiums bei der Verfol-
gung ihres Ziels zu.

Zu diesem Zeitpunkt ahne ich nicht, wie recht ich
mit dem Gedanken „*Es wird noch so viel geschehen*" haben
werde.

Die familiäre Situation bleibt lange äußerst an-
gespannt und eskaliert schließlich sogar. Larissa
mittendrin. Sie sucht im Chaos Halt und Orientierung

und gerät an Freunde, deren politische Orientierung höchst problematisch ist. Ihre Mutter ist in großer Sorge.

Glücklicherweise bleibt der Gesprächsfaden zwischen Larissa, ihrer Mutter und mir immer intakt. So behält das Mädchen bei allen Irrungen und Wirrungen das Ziel im Blick. Es kämpft. Um das Bild des Boxkampfes zu Hilfe zu nehmen: Sie wird einige Male angezählt. Doch sie fällt nicht. Dieses Mädchen beweist unglaubliche Nehmerqualitäten.

Schließlich ein erster Triumph: der angestrebte Einser-Abschluss bei uns an der Schule. Allerdings ist das nur eine Zwischenstation, denn es soll ja weitergehen. Und zwar in neuer Umgebung. Ich frage mich, ob unsere Schule sie dafür stark genug gemacht hat.

Die ersten Nachrichten aus Jahrgang 11 sind vielversprechend. Sie kommt klar.

Doch wenig später trifft sie ein neuer – ein heftiger – Tiefschlag. Ihre Mutter versucht sich das Leben zu nehmen. Jahrelang gekämpft, unermüdlich im Einsatz für ihre Kinder, reicht bei ihr eines Tages die Kraft zur Bewältigung des eigenen Lebens nicht mehr aus.

Gerade noch rechtzeitig wird sie gefunden und gerettet. Es folgen Monate in der psychiatrischen Klinik. Larissa pendelt nun in der Qualifikationsphase* zwischen Schule und Besuchen der Mutter in der Klinik. Sie hält mich über den Stand der Dinge auf dem Laufenden.

---

* Qualifikationsphase: Klasse 12; Phase, in der Punkte für die Zulassung zur Abiturprüfung gesammelt werden.

Es ist unfassbar: Sie hält unbeirrt Kurs! Frau Tutt hilft ihr dabei und macht ihr Mut, wenn die Energie nachzulassen droht. Kollege Sassenhausen lässt sich nicht lange bitten und investiert Zeit in Mathe-Nachhilfe. Die problematischen Freunde hat Larissa inzwischen hinter sich gelassen. In einer eigenen kleinen Wohnung findet sie die Ruhe, die sie zum Lernen braucht. Schüler-Bafög, Wohngeldzuschuss der Stadt und eigene Einkünfte durch Nagelpflege und Nageldesign im Freundes- und Bekanntenkreis helfen ihr bei der Finanzierung.

Wenn es mal gar nicht mehr gehen will, richtet sie sich, so erzählt sie später, an einem Satz auf, den ich ihr einmal gesagt habe: „Wenn eine das Abitur packt, dann du!" In dieser ganzen Zeit wirkt Larissa weder verkrampft ehrgeizig noch verbissen. Ihr einnehmendes, freundliches Auftreten hat unter den enormen Belastungen nicht gelitten. Sie ist einfach ein Mensch, der unbeirrt ein Ziel verfolgt. Sie streckt sich aus nach dem, was vor ihr ist, und jagt auf das Ziel zu, um das Bild aus Philipper 3,13–14 zu verwenden.

Es ist beeindruckend. Der letzte Gong naht. Sie hat es bis in die Schlussrunde geschafft. Die ultimative, die finale Schlacht steht noch zwischen der ehemaligen Hauptschülerin und dem Abitur: Klausuren und mündliche Prüfung. Larissa weiß, dass etliche Leute für sie beten. Zu dem Gott, der einem Paulus (lat. für „der Kleine") sagt: „... meine Kraft kommt in Schwachheit zur Vollendung" (2. Korinther 12,9). Genau das erlebt die Schülerin – und mit ihr all die Menschen, die sie unterstützt haben. Denn der lange, dornenreiche Weg, der im Juni 2004 mit der Bitte um eine Chance begann, findet seinen vorläufigen Höhepunkt in der Feier des Abiturs am 23. Juni 2012.

Ich lese die Ziffern 2,2 auf dem Zeugnis der allgemeinen Hochschulreife, das Larissa mir zeigt – wenn auch leicht verschwommen, wegen unerklärlich auftretender Überproduktion von Tränenflüssigkeit an diesem Tag.

Mit der glücklichen, mittlerweile wieder genesenen Mutter und der ständigen Stütze in allen Lebenslagen, Frau Tutt, gehen meine Gedanken zurück zu jener denkwürdigen Äußerung: „Das ist mein Weg."

Auf diesem Weg warst du nicht alleine unterwegs, liebe Larissa.

„Bis hierher hat uns der HERR geholfen" (1. Samuel 7,12).

Seinen Beistand auf allen weiteren Etappen deines Lebensweges wünscht dir von Herzen dein alter Klassenlehrer.

SOS – Rettet den Lehrer!

Diese Geschichte schreibe ich in Crikvenica. Sollten sie kennen. Es ist ein sehr schöner Ort, an der kroatischen Adriaküste gelegen. Als Urlaubsort empfehlenswert.

Nein, ich erhalte keine Provision vom Touristikverband. Ist wirklich schön da. Sonne satt. Trotzdem grün. Und das Meer erst! Sehr sauberes Wasser, reichste, farbenprächtige Unterwasserwelt, ideal zum Schnorcheln.

Josua und dem seine Schwester Paula (Ja, und? Darf ruhig jeder wissen, dass die Sprache des Ruhrgebiets meine ist!), also quasi das jüngste Kind von meine Frau (Doch! Ist richtig – wegen Ruhrgebiet) und mir, haben sich gerade abgemeldet. Sie machen sich auf den Weg zum Strand. Schwimmen. Zur Abkühlung.

Ein grauenvoller Gedanke!

Könnte es vielleicht sein, dass ich gerade eben das Verständnis der großen Mehrheit meiner Leser verloren habe? Ich muss das akzeptieren. Denn für den, der schwimmen kann, ist Abkühlung im Meer wohl alles andere als grauenvoll. – Ja. Genau. Für den, der schwimmen kann. Und genau das ist bei mir so eine ganz spezielle Sache. Ich rede nicht gerne darüber. Viel schlimmer ist es natürlich, darüber zu schreiben.

Darum nur so viel: Ich bin 1,72 Meter groß. Gut. Geschenkt. Ich bin also 1,72 Meter klein. Wassertiefen bis zu 1,40 m finde ich ganz toll. Sofern der Boden eben und trittsicher ist. Reicht das?

Wenn ich davon ausgehen kann, dass Sie diese sehr intime Information vertraulich behandeln, kann ich Ihnen das Weiterlesen gestatten. Was folgt, enthüllt nämlich weitere Einblicke in die Welt der Ängste des Thomas Sieling.

Meine Kinder sind also auf dem Weg zum Strand. Das lenkt meine Gedanken zur Abschlussfahrt der Klasse H10 im Sommer 2009. Ziel ist Südtirol.

Neben Bergtouren zu Fuß und mit dem Mountainbike spielen dort Aktivitäten im Wasser eine große Rolle. Natürlich geht es nicht um das Meer wie hier und heute in Crikvenica. In Sankt Jakob im Ahrntal geht es um Gebirgsbäche, um Wildwasser.

Eine der geplanten Aktionen heißt „Wildwasser-Rafting". Ein großes Schlauchboot mit sechs Personen Besatzung plus einem Steuermann wird an Felsenhindernissen vorbei, durch Strudel und kleinere Wasserfälle hindurch, flussabwärts manövriert. Das Ganze soll ein Riesenvergnügen sein.

Ist es auch. Für die Schüler. Schon vor der ersten Begegnung mit dem Wasser. Es reicht völlig aus, mich als menschliche Presswurst in meinem ein wenig zu körperbetont geschnittenen Neoprenanzug zu erblicken. Nachdem ich mich selbst im Spiegel sehe, kann ich ein minimales Maß an Verständnis für die Heiterkeit meiner Jugendlichen aufbringen.

Die verhalten sich im Übrigen sehr fair. Sie wissen um meine Ängste.

„Es kann wirklich nichts passieren!" – „Toll, dass Sie trotzdem mitmachen!" So und so ähnlich versuchen sie, mir Mut zu machen.

Meine Angst vor dem Ertrinken bleibt dennoch mein Begleiter. Daran ändert leider auch die Schwimmweste, die ich wie alle anderen Teilnehmer tragen muss, nichts.

Der Instrukteur erklärt uns, welche Rettungsübungen vor der eigentlichen Tour zu machen sind. Wie befreie ich mich, wenn ich unter das Boot gerate?

Mir wird schlecht.

Wie erreiche ich das Boot oder das Ufer, wenn ich über Bord gegangen bin?

Mir wird noch schlechter.

Bei der zweiten Übung soll ich von einem mindestens 50 Zentimeter (!) hohen Felsbrocken ins Wasser springen und mich auf den Rücken drehen. In dieser Haltung muss ich mich etwa 30 Meter, die Füße voran, auf die Helfer zutreiben lassen. Die ziehen mich dann ins Boot. Theoretisch.

Mir ist völlig klar, dass das nur in einer Katastrophe für mich enden kann.

In mir kämpfen zwei Mächte einen schweren Kampf. Da ist der ziemlich starke Vermeider. Er sagt: „Das kann ich auf gar keinen Fall. Ich will nur noch weg!" Da ist aber auch der von Kindesbeinen an mächtige Imponierer. Der meint: „Wie sieht das denn aus, wenn du jetzt aufgibst? Was sollen denn die Schüler denken?"

Maxim spürt offenbar etwas von meinem inneren Kampf. Er ist schon seit der neunten Klasse größer als ich. Er ist enorm stark und ein Junge mit einem ganz großen Herzen. Im Laufe der Jahre hat sich zwischen uns so etwas wie ein Vater-Sohn-Verhältnis entwickelt. Jetzt baut er sich vor mir auf und erhält schnell die Aufmerksamkeit der ganzen Gruppe. Das Interesse ist voll auf Maxim und mich gerichtet. Sehr klar, sehr laut dringt Maxims Stimme durch meinen äußeren Gehörgang in mein Inneres vor: „Haben Sie Vertrauen zu mir, Herr Sieling?"

„Ja ... äh ... schon."

„Glauben Sie, dass ich stark genug bin, um Sie aus dem Wasser zu ziehen?"

„Na, ja. Stark bist du wirklich. Sehr stark. Aber ..."

„Habt ihr das alle gehört?", wendet sich der Junge jetzt an seine Mitschüler. Die haben natürlich alles ganz genau verfolgt. Erneut lässt Maxim sich hören: „Ich verspreche Ihnen, wenn es irgendein Problem gibt, hole ich Sie raus. Und wenn es mich mein eigenes Leben kostet. Okay?"

In die Gruppe kommt Bewegung. „Der macht das! Echt!" – „Der Maxim ist so; das können Sie dem ruhig glauben!" – „Mit *der* Lebensversicherung kann Ihnen gar nichts passieren. Garantiert!"

Es dauert eine Weile, bis ich anfange zu verstehen, dass Maxim und seine Mitschüler ihre Worte genau so meinen, wie sie sie sagen. Sie sind voll davon überzeugt, dass mir mit Maxim einfach nichts passieren kann.

Still bitte ich Gott darum, mir eine klitzekleine Portion von deren Zuversicht zu verabreichen. Nach der Beobachtung von fünf geglückten Rettungsübungen vom sicheren Ufer aus bitte ich trotzdem um eine etwas größere Portion. Zu meiner eigenen – beinahe grenzenlosen – Überraschung bekomme ich die tatsächlich. Denn anders ist nicht zu erklären, was nun geschieht:

Ich wage das schier Unmögliche. Mit Angst, die mir den Hals zuschnürt, und der Eleganz eines Plumpsacks platsche ich ins Wasser. Die Schwimmweste trägt und die Strömung treibt mich meinen Rettern entgegen. In meiner Angst verkrampfe ich jedoch total, werde panisch. Wasser gerät mir in Nase und Mund. Wild schlage ich um mich. Alle meine schlimmsten Ängste werden hier Wirklichkeit. Ich werde ertrinken.

Doch Gott hat andere Pläne mit mir. Maxim löst sein Versprechen ein. Als mein Kopf zum ersten Mal unter Wasser gerät, hält ihn nichts mehr. Er springt in den Fluss, ist in wenigen Augenblicken bei mir. Er greift mich gekonnt, und ich spüre im selben Moment, dass ich von starken, rettenden Armen gehalten bin.

Durch meine Angst und Konfusion hindurch dringen seine Worte auf direktem Weg bis zu meinem Herzen durch: „Alles klar, Herr Sieling. Ich bin da."

Sekunden später habe ich wieder festen Boden unter den Füßen. Ich bin gerettet.

Bei der eigentlichen Tour tritt dann – Gott sei Dank – der geübte Ernstfall nicht ein. So habe selbst ich an der Sache ein bisschen Spaß.

Später lasse ich mir das Geschehen immer wieder durch den Kopf gehen. Auf das Wort eines 16-Jährigen hin überwinde ich meine vielleicht tiefste Angst! Ich glaube ihm. Er hält sein Wort. Was für eine Lektion!

Immer wieder begegnet mir die Frage, die Gott selbst stellt: „Glaubst du, dass ich dich retten kann? Vertraust du mir?"

Zweifel und Ängste, Sorgen und auch Situationen echter Not bleiben mir nicht erspart.

Meinem ehemaligen Schüler, meinem Freund Maxim, habe ich ein äußerst eindrückliches Beispiel dafür zu verdanken, dass ich mich auf Gott tatsächlich voll und ganz verlassen kann.

Danke!

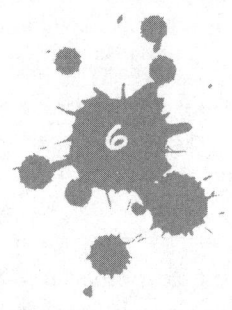

Das entscheidende Spiel

Kevin Holm macht Probleme. Er stört den Unterricht und beleidigt Mitschüler und Lehrer. Vor seinen Attacken in Wort und Tat ist niemand sicher. Gespräche, Erziehungs- und Ordnungsmaßnahmen bleiben wirkungslos. Als er während des Sport-Unterrichts die Kleidungsstücke der anderen Kinder in der Umkleidekabine unter Wasser setzt, ist das Maß voll. Die Schulleiterin teilt Kevins Mutter mit, sie solle sich bitte umgehend nach einer neuen Schule für ihren Sohn umsehen.

Frau Holm tut das. Nach telefonischer Kontaktaufnahme mit unserer Schule kommt es zu unserer ersten persönlichen Begegnung. Die alleinerziehende Mutter schildert die Situation aus ihrer Sicht. Von Anfang an habe Kevin sich an der weiterführenden Schule nicht wohlgefühlt. Nach einer ganz unproblematischen

Grundschulzeit habe der Wechsel in die Sekundarstufe 1 einfach nicht funktioniert.

Kevin bleibt während der Schilderungen seiner Mutter ganz ruhig; er nickt lediglich hin und wieder zustimmend.

Unterrichtsstörungen, Attacken gegen Mitschüler, der Vorfall während des Sportunterrichts ... – Kevin gibt all diese Dinge zu ohne den Versuch, sich herauszureden. Warum er das alles getan habe, wisse er selbst nicht, erklärt er und sagt, dass ihm das auch irgendwie leidtue. Er sei aber so voller Ärger gewesen, da habe er diese Dinge eben einfach gemacht. Woher der Ärger käme oder worauf er überhaupt so ärgerlich sei, das könne er auch nicht sagen.

Ob er sich denn vorstellen könne, auch gut mit Mitschülern und Lehrern klarzukommen, frage ich den Jungen.

„Na, klar! Das hat doch in der Grundschule auch gut geklappt", antwortet Kevin, ohne zu zögern.

„Und bei Ihnen schaffe ich das bestimmt", ergänzt er. Leise fügt er hinzu: „Hier will ich ja hin."

Das lässt mich aufhorchen. Jetzt bin ich neugierig, darum frage ich nach.

Die Mutter erklärt, Kevin wäre nach der Grundschule lieber auf unsere Schule gegangen. Sie habe aber anders entschieden. Der Fahrtweg, die Kosten ... – es sei ihr einfach praktischer erschienen.

Auffälliges Verhalten als unbewusster oder auch bewusster Protest gegen die mütterliche Entscheidung? Ich traue mir nicht zu, das angemessen zu beurteilen.

Die Rücksprache mit der Leiterin von Kevins bisheriger Schule erscheint mir dringend nötig. Ich bitte Frau Holm um einige Tage Zeit und vereinbare mit ihr einen zweiten Gesprächstermin.

Am nächsten Tag telefoniere ich mit Kevins Schulleiterin. Sie erklärt mir in aller Deutlichkeit, dass es für Kevin Holm an ihrer Schule definitiv keine Zukunft gebe. Der Junge sei untragbar. Kaum ein Tag sei vergangen, an dem er nicht wieder irgendetwas unternommen habe, um einen Schulverweis zu provozieren. Meine Frage nach Erklärungsansätzen dafür, wieso der Junge sich so verhält, wie er es tut, bleibt unbeantwortet.

Als ich andeute, dass ich ernsthaft über Kevins Aufnahme bei uns nachdenke, sagt die Kollegin sehr betont: „Da wünsche ich Ihnen aber viel Vergnügen mit unserem Kevin!" Ich meine, eine Mischung aus Spott, Erleichterung und Zynismus in ihren Worten zu hören.

Mehr erfahre ich nicht. Vernünftige Gründe, die dafür sprechen, Kevin als neuen Schüler an unserer Schule aufzunehmen, habe ich bisher nicht. Doch eine innere Stimme flüstert mir leise, aber eindrücklich ein „Versuche es!" zu.

Diese Stimme scheint mich gut zu kennen. Sie weiß, dass ich pädagogische Herausforderungen liebe. Und sie weiß auch, dass ich gelernt habe, sie nicht zu ignorieren. So verbinde ich in diesem Fall Vernunft und innere Stimme.

Bei unserem zweiten Gespräch biete ich Frau Holm und Kevin eine dreimonatige Probezeit an. Die Mutter zeigt sich sehr erleichtert, und der Junge verspricht, sich aufrichtig Mühe zu geben.

Den nächsten Wochen sehe ich mit Spannung entgegen, doch die ersten Rückmeldungen der Kollegen machen Mut. Alles in Ordnung. Auch von den Mitschülern kommen positive Signale.

Dann kommt der Tag, an dem Gott selbst mir den Schlüssel zu Kevins Herz schenkt. Ich könnte schon anders. Natürlich. Aber ich will das genau so ausdrücken. Sie dürfen ruhig Pathos in meiner Stimme hören. Wer außer Gott kommt denn bitteschön auf solche Ideen?! Ein Junge aus der fünften Klasse mit einer äußerst problematischen Vaterbeziehung (von der ich damals so noch nichts wusste), der wegen massiver Verhaltensauffälligkeiten die Schule wechseln muss, trifft auf einen kleinen, etwas dicklichen Schulleiter mit Vorliebe für pädagogisch schwierige Fälle. Der Schulleiter mutet seinen Kollegen einiges zu und trägt dabei ein nicht geringes Risiko des Scheiterns.

Der Junge muss sich unbedingt bewähren, hat sein Herz aus Angst vor Schmerz verschlossen und schleppt auf seinen schmalen Schultern unsichtbar die schwere Last mit sich herum, einen zweiten Schulwechsel innerhalb weniger Wochen zu riskieren.

Was tut Gott, um die Weichen für eine über mehrere Jahre andauernde, vertrauensvolle und erfolgreiche Schullaufbahn mit dem Abschluss „Fachoberschulreife" zu stellen? Er sorgt für eine Vertretungsstunde des Schulleiters in Kevins Klasse, lässt in dieser Zeit die Sporthalle frei sein und reicht dazu dann das vom Schulleiter bevorzugte Sportgerät.

Jubel bei den Fußballern in der Klasse, verhaltene Freude bei denen, die sich in der großen Halle anderweitig sportlich betätigen dürfen.

Das Spiel beginnt. Kevin und ich sind in eine Mannschaft gewählt worden. Das Bällchen läuft. Und wie es läuft! Besser kann man meine Flanke gar nicht annehmen. Drehung, Schuss, Tor!

Begeistert klatsche ich den Torschützen Kevin ab. Er freut sich über seinen Erfolg und über meine Anerkennung.

Wir beide auf dem Fußballplatz. Das passt einfach. Es ist, als spielten wir schon lange miteinander.

Die Verteidigung vernachlässigen wir. Kassieren Gegentore. Das macht unserer Mannschaft aber gar nichts aus, denn Kevin macht immer wieder mindestens das eine Tor mehr, das zum Sieg nötig ist.

Der Junge wirkt ganz gelöst und federleicht. Von der Last auf seinen Schultern keine Spur. Er ist so völlig bei sich selbst, genießt sein Glück strahlend und dankbar, dass ich jedes seiner Tore begeistert mit ihm feiere.

Nach dem Spiel nehme ich Kevin beiseite. „Wenn wir so gut zusammen in der Schule arbeiten, wie wir Fußball spielen, dann kann das nur super werden", sage ich.

„Finden Sie wirklich, dass ich gut war?" Es ist echter Zweifel, bohrender, nagender Zweifel, der aus Kevins zaghaft hervorgebrachten Worten spricht.

„Du warst richtig gut, mein Junge. Klasse!", sage ich ihm meine ehrliche Meinung.

„Mein Papa sagt das nie zu mir."

Es sind Worte, die selbst in der Erinnerung noch wehtun. Worte, die einen See nie geweinter Tränen erkennen lassen. Worte aber auch, die in Kevins Leben viel zum Guten gewendet haben.

In diesem Augenblick nach unserem kleinen Fußballspiel meine ich das Geräusch eines sich öffnenden Schlosses wahrzunehmen.

Es folgen viele Gespräche, noch manches Fußballspiel und Schuljahre mit einem Jungen, der den Wunsch „… viel Vergnügen mit unserem Kevin" im wahrsten Sinne erfüllt – ganz anders als erwartet.

Für göttlichen Humor, ausgerechnet mir mit meiner genau zwischen BVB 09 und FC S 04 in Bochum beheimateten Fußballbegeisterung den Zugang zu einem Kinderherzen zu öffnen, sage ich gerne: „Danke und Glückauf!"

Ein denkwürdiger Brief

Wo ist die Grenze? Wie weit kann ich gehen? Wann ist die Reißfestigkeit der Liebe und Wertschätzung überstrapaziert?

Justin müssen solche und ähnliche Fragen ganz offensichtlich stark beschäftigen. Nach einer ersten Phase betont lässiger Gleichgültigkeit in seiner Zeit bei uns auf der Schule folgt eine Zeit des permanenten Widerspruchs gegen alle christlichen Inhalte.

Er kommt als Seiteneinsteiger zu uns. Seine alleinerziehende Mutter hofft, für ihren Sohn mit der Anmeldung an unserer Schule das Richtige zu tun. Sie erhofft sich möglichst individuelle Betreuung und vor allem ein christliches Umfeld. Sie möchte Justin auf diese Weise vor schlechtem Umgang bewahren.

Nun ist das erfahrungsgemäß immer so eine Sache mit dem Umgang. Was gut und was schlecht ist, beurteilen Eltern und Kinder nämlich oft ganz unterschiedlich. So auch in diesem Fall. Justin will den Schulwechsel gar nicht. Aber was soll er machen?

Nun ist er also Schüler an einer christlichen Bekenntnisschule. Justin arrangiert sich mit der Situation.

Der Widerspruch bleibt sachlich. Justin verhält sich Mitschülern und Lehrern gegenüber durchaus freundlich und respektvoll. Er kommt einfach mit dem Jesusglauben nicht klar.

In einem Gespräch wird deutlich, was den Jungen besonders irritiert.

Trotz seines Widerspruchs und seiner Ablehnung bleiben die Leute freundlich. Sie zeigen weiterhin Wertschätzung.

Ich versuche, deutlich zu machen, dass Respekt vor anderen Überzeugungen ein hohes Gut des christlichen Glaubens ist. Gottes Liebe zeige sich gerade darin, dass er uns Menschen Freiheit lasse.

Justin bleibt reserviert. Die Entwicklung der folgenden Monate ist vor allem eins: traurig.

Justin verändert sich.

Ein erster Kollege nimmt bei ihm bereits vor Unterrichtsbeginn Alkoholgeruch wahr. Die Mutter berichtet von Alkoholexzessen an den Wochenenden. Seine äußere Verwandlung zum Punk zeigt sich in erster Linie durch die grüne Irokesenfrisur, die in Form einzelner Stacheln seinen Kopf schmückt. Der Schulbesuch wird unregelmäßig. Wenn er in der Schule ist, schläft er im Unterricht auch schon mal ein. Von seinen Mitschülern zieht er sich fast völlig zurück.

Ich suche immer wieder das persönliche Gespräch mit ihm. Justin selbst will einfach nur irgendwie den Schulabschluss schaffen. Was danach kommen soll, weiß er noch nicht. Ist auch egal. Hauptsache ein paar Kumpel, genug Bier und gut ist.

Ich habe ganz massiv den Eindruck, dass der Alkohol und das Punk-Leben Ausdruck einer tiefen existenziellen Krise des Jungen sind. Spricht aus alldem nicht eine verzweifelte Suche nach Sinn und Zugehörigkeit?

Ich werde außerdem den Verdacht nicht los, dass das Ganze auch ein Härtetest für die Arbeit unserer Schule ist.

Was ist zu tun, wenn ein Schüler selbst zu dem „schlechten Umgang" wird, vor dem Eltern ihre Kinder bewahrt sehen möchten? Erste Anfragen von Eltern und auch von Kollegen erreichen mich, ob man so jemanden denn nicht von der Schule verweisen müsse.

In dieser Zeit sind Armbändchen mit dem Aufdruck „W.W.J.D." (steht für die Frage „What would Jesus do?") recht populär. Ja, das würde mir jetzt wirklich weiterhelfen. *What would Jesus do? – Jesus, was würdest du denn tun?*

Ich spreche mit der Mutter, mit Mitschülern, mit Elternvertretern, mit den Kollegen. Der Schulträger legt die Entscheidung in meine Hände. Viel spricht für eine Kündigung des Schulvertrages.

Ich will noch einmal mit Justin sprechen. Das Gespräch soll am Nachmittag in meinem Büro unter vier Augen stattfinden.

Er ist pünktlich. Aus einem inneren Impuls heraus sage ich im Verlauf des Gesprächs mehrfach sinngemäß den Satz: „Wenn du eines Tages völlig kaputt am Boden liegst, dann denke daran: Gott, dein Vater im Himmel, hat dich immer noch lieb."

Bei einer weiteren Wiederholung unterbricht mich Justin: „Können Sie sich überhaupt vorstellen, wie das ist, wenn man ein kleiner Junge ist und dann haut der Vater einfach ab?"

Ich gebe zu, dass ich mir diese Situation wohl nicht wirklich in ihrer ganzen Tragweite vorstellen kann. Doch ich bin auch irgendwie erleichtert. Endlich, endlich verschafft Justin seinem Herzen Luft. Das tut weh und ist doch heilsam. Auch auf die Gefahr hin, dass er es nicht mehr hören will, verabschiede ich den Jungen mit der erneuten Versicherung, dass Gott ihn lieb habe.

Nach diesem Gespräch ist für mich ein Schulverweis erledigt. Wir setzen alles daran, dass Justin gerade bei uns, an der christlichen Bekenntnisschule, seinen Abschluss schafft. Ich bin dankbar, dass alle diese Entscheidung mittragen.

Und tatsächlich gelingt es. Als ich ihm sein Zeugnis überreiche, beugt der Junge sich zu mir und sagt leise: „Danke. Danke für alles."

Viele Monate später: In der Eingangspost der Schule fällt ein an mich persönlich adressierter, privater Brief auf. So etwas kommt selten vor. Der Absender ist Justin.

Entsprechend gespannt öffne ich den Umschlag. Darin finde ich zwei eng beschriebene Seiten. Schon beim ersten Satz kann ich die Tränen nicht zurückhalten.

„Sie haben recht behalten", lese ich mit leicht verschwommenem Blick. Und weiter: „Ich bin eines Tags in meinem eigenen Erbrochenen auf dem Boden liegend wach geworden. Denken konnte ich da nicht viel. Aber in meinem Kopf waren immer wieder Ihre Worte: ‚Gott, dein Vater im Himmel, hat dich immer noch lieb.‘ Da habe ich diesen Gott angeschrien und ihm gesagt, dass er mich aus dieser Sch... rausholen soll, wenn es ihn überhaupt gibt. Heute schreibe ich Ihnen aus der Bibelschule. So wie Sie mir geholfen haben, will ich nun Jugendlichen helfen. Ich werde Jugendevangelist.“

Justin hat seinen Werdegang in diesem Brief noch ausführlicher beschrieben. Das Schreiben hat heute noch einen besonderen Platz in meinem Ordner „Kostbarkeiten aus Schülerhand“.

Der Junge mit dem Haar-Tick

„Liebe Schüler der Klasse 6a. Ich habe eine sehr schlechte Nachricht für euch. Mein überaus wertvoller Deutsch-Unterricht morgen in der sechsten Stunde muss leider ausfallen."

Jubel. Dazwischen ist das eine oder andere heuchlerische „Das ist aber schade!" zu hören. Die ganze Klasse freut sich über die unverhofft frühe Freiheit am nächsten Tag.

Wirklich die ganze Klasse?

Nein! Stefan zeigt keinerlei Anzeichen von Freude.

Ganz im Gegenteil. Er leidet.

Diese Nachricht ist für ihn ganz schlimm. Verunsichert irrt sein Blick durch den Klassenraum, innere Unruhe treibt ihn zu einem auffälligen Sitztanz auf seinem Stuhl. Seine Hände entwickeln ein unkoordiniertes Eigenleben.

Für Stefan ist jede Kleinigkeit, die die vertraute Struktur seines Alltags verändert, ein echtes Problem. Die Nachricht, am nächsten Tag bereits um 12:30 Uhr nach Hause gehen zu dürfen statt – wie gewohnt – um 13:20 Uhr ist für ihn äußerst schwer zu verarbeiten. Das Wissen um bevorstehende Veränderungen löst in ihm ein solches Maß an Stress aus, dass er im schlimmsten Fall die Kontrolle über sein Verhalten verliert. Es kann dann passieren, dass er sich über Stunden irgendwo versteckt, aber auch, dass er stundenlang einfach ziellos umherwandert.

Bei alldem gehört Stefan zu den Schülern mit den besten schriftlichen Leistungen. Seine intellektuelle Leistungsfähigkeit ist überdurchschnittlich. Er verblüfft immer wieder durch umfangreiche Detailkenntnisse in verschiedenen Fachgebieten. Was er einmal liest, behält er abrufbar im Gedächtnis.

Als ein Kind mit Asperger-Syndrom, einer Sonderform des Autismus, haben die Eltern mir Stefan vor unserer ersten Begegnung angekündigt. Sie haben sich intensiv mit dem Erscheinungsbild des Syndroms und mit dem angemessenen Umgang mit betroffenen Personen beschäftigt. Stefan sei durchaus in der Lage, am Unterricht einer weiterführenden Schule teilzunehmen – so die Prognose der Grundschule. Man müsse um seine Besonderheiten wissen und Mitschüler und Lehrer darauf vorbereiten.

Was denn an Besonderheiten so zu erwarten sei, habe ich die Eltern gefragt.

Stefan würde wohl keinen Kontakt zu seinen Mitschülern aufnehmen. Er würde allein an einem Tisch sitzen wollen. Es könnte vorkommen, dass er auf Lehrerfragen im Unterricht nicht reagiere. Manchmal erzählte Stefan sich selbst – stumm, aber mit sich bewegenden Lippen –, irgendwelche Geschichten. Und, ja, eine Sache sei da noch. Gewissermaßen seine spezielle Eigenheit. Wenn ihn etwas beunruhige, nervös mache, dann suche Stefan inneren Halt im Berühren von Haaren. Es könnte dann auch vorkommen, dass er fremden Personen in den Haaren herumwuschele.

Das stellte ich mir in der Tat als leicht befremdliche Aktion vor. Wer lässt schon gerne eine fremde Person im eigenen Haar wühlen?!

Wie gelassen Mitschüler und Kollegen damit wohl umgehen würden?

Nun hatten die bisher ein hohes Maß an Sozialkompetenz bewiesen. Duldsamkeit war ihnen kein Fremdwort. Wenn sie über Stefans Syndrom angemessen informiert würden, könnte es vielleicht doch gelingen, den Jungen zu integrieren. Eine echte Herausforderung, ohne Frage. Zumal in meiner neuen Klasse 5 auch Jasmin sein würde, die ohne Beine geboren wurde (siehe Geschichte „Laufen auf den Händen").

Wir verständigten uns darauf, dass ich die Kollegen und die Schüler informieren würde. Am ersten Elternabend informierten Stefans Eltern dann selbst die Eltern der Mitschüler.

Im Unterricht geht alles gut. Stefan hört mit intensiver Aufmerksamkeit zu, er erledigt Arbeitsaufträge hoch konzentriert. Dabei bleibt er für sich allein, wirkt bisweilen wie von seiner Umwelt isoliert.

Die Mitschüler respektieren das, sie haben meine Informationen interessiert aufgenommen und ihre Fragen konnten offenbar zufriedenstellend beantwortet werden.

Schwierig wird es in den Pausen. So viele Eindrücke, so viele Personen aus anderen Klassen, schnelle Bewegungen, lautes Rufen hin und her ... Das ist keine gute Situation für Stefan. Er wird nervös. Sehr nervös. Und zum ersten Mal greift er einer Mitschülerin in die Haare. Das Mädchen ist aus einer anderen Klasse. Es ist empört und verscheucht Stefan mit heftigen Worten. Der versucht sein Glück bei einem anderen Schüler. Doch auch der empfindet das Ganze als höchst unangenehm und rennt weg.

Die Klingel kündigt die nächste Unterrichtsstunde an. Die Aussicht auf die wesentlich ruhigere Atmosphäre des Klassenraums sorgt bei Stefan für Beruhigung. Er findet seinen inneren Halt auch ohne weitere Haarberührung wieder. Es kommt zu keinem weiteren Übergriff.

Vorerst.

In den nächsten Tagen beklagen sich dann doch immer wieder Schüler über die lästige Haarwuschelei.

Ich weiß, dass Stefan niemanden ärgern will. Ich verstehe, dass er einem – in seinen Augen völlig harmlosen – Bedürfnis folgt.

Die Mitschüler, denen sein Verhalten unangenehm ist, die nicht länger auf diese Weise genervt werden wollen und schlicht und einfach von Stefan in Ruhe gelassen werden wollen, verstehe ich allerdings auch recht gut.

Ich suche das Gespräch mit Stefans Eltern. Gibt es nicht irgendeine andere Möglichkeit, wie Stefan seine innere Unruhe abreagieren kann? Die Haarattacken auf seine Mitschüler muss er auf jeden Fall beenden.

Alle Mitschüler und auch die Kollegen haben sich für den Verbleib des Jungen an unserer Schule ausgesprochen. Aber die Sache mit den Haaren muss aufhören.

Die Eltern versprechen, intensiv zu überlegen, ob es eine Alternative geben könnte.

Die nächsten Tage verlaufen im Hinblick auf die Haarwuschelei ruhig. Es kommt zu keinen neuen Attacken. Wird das so bleiben? Ich hoffe es.

Es bleibt ruhig. Meine Neugier wächst. Woran liegt das? Der Schulalltag hat sich doch nicht verändert. Genug Anlass zu innerer Unruhe und Nervosität gibt es für Stefan nach wie vor. Aber er greift niemandem mehr ins Haar. Was ist das Geheimnis?

An einem der nächsten Tage bleibt Stefan beim Pausenklingeln allein im Klassenraum zurück. Mit Verschwörermiene kommt er zum Pult, wo ich noch Eintragungen in das Klassenbuch vornehme.

„Ich zeige Ihnen jetzt mal was, Herr Sieling, okay?" Er sagt das auf eine Art und Weise, mit der er sofort meine volle Aufmerksamkeit erlangt. „Aber behalten Sie das für sich!", fährt er fort, jetzt mit einem breiten Grinsen im Gesicht.

Ich sichere ihm totale Verschwiegenheit zu. Aus einer ziemlich großen, offenbar auch ziemlich tiefen Hosentasche nestelt Stefan etwas hervor.

Ich traue meinen Augen nicht.

„Hier, Herr Sieling. Das ist ein echter Fuchsschwanz. Fühlen Sie mal. Den habe ich jetzt immer bei mir. Da brauche ich keinem mehr in die Haare zu fassen."

Von der Schlichtheit und Genialität dieser Idee bin ich auch heute noch begeistert. Es ist klar, dass wohl nur die Liebe einer Mutter eine solche Idee hervorbringen konnte.

Eine Eingebung sei das gewesen, so schildert mir die Mutter später ihre verzweifelte Suche nach einer Lösung für Stefans Problem. *Haare, Haare. Es geht um Haare.* So sei es ihr immer wieder durch den Kopf gegangen. Da habe sie in ihrer Not Gott um irgendeine, von ihr aus auch ruhig verrückte Idee gebeten. Und der Gott, von dem es in Jesaja 66,13 heißt: „Wie einen, den seine Mutter tröstet, so will ich euch trösten", der habe ihr den Ausweg aus der „haarigen" Situation gezeigt.

Ob sie einen der legendären Opel-Mantas mit Fuchsschwanz an der Antenne live oder im Film gesehen oder sich einfach nur daran erinnert habe, wisse sie nicht. Ihr sei einfach schlagartig klar gewesen, dass schnellstens ein Fuchsschwanz her müsse. Die Besorgung habe sich ein wenig schwierig gestaltet und auch der „Umbau" von Stefans Hosentaschen sei eine Herausforderung der besonderen Art gewesen. Sie habe bei der Aktion aber innere Ruhe gehabt, da Gott aus der Bibel durchaus für manchmal etwas skurrile Aufträge bekannt sei.

Dass sein Motto in ihrem Fall „Manta, Manta" beziehungsweise „Pack den Fuchsschwanz in die Tasche!" lautete, fand sie allerdings schon sehr lustig. Und nicht nur sie ...

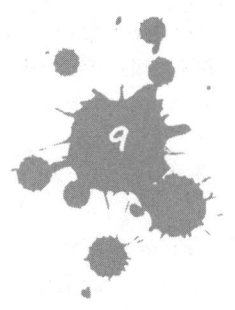

Der Sohn des Zimmermanns kann es!

Als meine Mutter am 26.04.1968 erfuhr, dass sie soeben die Erlaubnis erworben hatte, ein Fahrzeug mit Verbrennungsmotor zu führen, reagierte sie leicht panisch. Ihre Augen weiteten sich vor Schreck, sie packte sich mit den Händen an den Kopf und stieß einen spitzen Schrei aus. Dass in einem Automotor ständig Explosionen und Verbrennungen stattfinden, hat die heute fast 80-jährige Frau bei jeder einzelnen Fahrt sichtbar geängstigt. Kein Wunder, dass nun, nach einem leichten Schlaganfall, der Entschluss, nicht mehr selbst zu fahren, auch ein wenig Erleichterung mit sich bringt.

Sie, liebe Leserin, lieber Leser, müssen wissen, dass ich ganz viel von meiner Mutter habe. Nicht nur äußerlich. Auch Dinge, die meinem Vater so gar nicht gefallen. Mein anhaltendes, völliges Unverständnis was Hubräume, Kolben, Zylinderkopfdichtungen u. Ä. angeht, gehört dazu.

Dieser kleine Vorspann erklärt vielleicht ein wenig, warum für mich die „Gelben Engel" des ADAC genau das sind und warum Menschen, die etwas von motorgetriebenen Fahrzeugen verstehen, von mir mit einem gewissen Maß an Ehrfurcht betrachtet und behandelt werden.

Wenn ich dann noch erlebe, wie jemand, der gar nicht von Hause aus ein Spezialist für Motoren sein kann – der Sohn des Zimmermanns nämlich –, das Unmögliche schafft ... Ein Wunder!

Doch urteilen Sie ruhig selbst ...

*

Wir schreiben das Jahr 2004. Schon länger als ein Jahr steht mein Motorroller in der dunklen, feuchten Garage in Wetter an der Ruhr. Nichts geht beziehungsweise fährt mehr. Nach Jahren treuer Dienste auf meinem Weg zur Schule und bei zahllosen kleineren Stadtfahrten hat mein Gefährt aufgegeben. Erst wurde der Roller immer langsamer, dann wurden Steigungen immer hörbarer zur Qual für mein Gefährt und schließlich ... Stille.

Gutes Zureden, frisches Öl, Frischluft für den Vergaser – es hilft alles nichts. Der Motor bleibt still.

In meiner totalen Ahnungslosigkeit in Sachen Motor bitte ich alte und junge Fahrer um Rat und Tat. Der eine schraubt hier eine Weile, der andere da, aber nichts bringt den Roller wieder in Fahrt.

Nun muss meine Ehefrau jeden Morgen als Taxifahrerin aktiv werden. Sie tut das zwar klaglos, aber manchmal ertappe ich sie doch bei einem wehmütigen Blick auf die traurige Gestalt des leblosen Motorrollers. Etwas Erleichterung bringt ihr und mir der Winter. Denn in dieser Zeit bleibt der Motorroller auf jeden Fall in der Garage. Doch leider ändert auch die freundliche, wärmende Frühjahrssonne nichts, gar nichts, am traurigen Zustand des Gefährts.

Wenn Sie gerade denken: *Warum bringt der Kerl das Ding nicht einfach in eine Werkstatt?*, so ist das absolut berechtigt. Aber. Gewichtiges Aber. Wenn ich das getan hätte, wäre es doch gar nicht zu dieser Geschichte gekommen! Und ich hätte eine überaus wichtige Lektion in Gottes Lehrplan für mein Leben verpasst. Das können Sie doch nicht wirklich wollen. Doch als kleines Zugeständnis an Ihre Skepsis setze ich an dieser Stelle das Stilmittel „Zeitraffer" ein.

Sommer 2005. Umzug von Wetter an der Ruhr nach Gummersbach. Der Motorroller wird mit einem Kleintransporter nach Gummersbach transportiert – auf den Garagenplatz vor dem Haus. Dort steht er. Er steht und steht.

2006. Am Haus sind Zimmermannsarbeiten zu erledigen. Der Auftrag geht an Herrn Koop, den Vater von Dennis, einem Schüler meiner achten Hauptschulklasse. Der Vater bringt Dennis als Helfer zur Baustelle mit. Dort entdeckt Dennis meinen Motorroller, fragt, warum ich damit denn noch nie zur Schule gekommen sei. Ich erkläre ihm, das Ding sei kaputt, ich könne mich nur nicht davon trennen.

Ob er mal danach schauen solle, fragt mein Acht-
klässler. Weil kaputter als kaputt wohl nicht geht,
gestatte ich ihm, nach Herzenslust zu schrauben. Es
dauert nicht lange, bis der Junge erklärt, er könne da
vor Ort nichts machen.

Vorläufiges Ende vom Lied: Der Roller wird auf
Vaters Transporter geladen, um in heimischer Garage
gründlicher inspiziert zu werden.

Wohlgemerkt: Ich habe meinen fahrbaren Unter-
satz nicht dem Sohn des KFZ-Mechaniker-Meisters
anvertraut, sondern dem Zimmermannssohn! Das
wirklich Erstaunliche daran ist: Ich traue ihm tatsächlich zu, dass er meinen Roller wieder in Gang bringt.

Mir geht durch den Sinn, welche unmöglichen Dinge
Menschen Jesus zugetraut haben. Blinde baten ihn, den
Zimmermannssohn, um Augenlicht, Gelähmte wollten
wieder laufen, selbst Tote sollte er wieder zum Leben
erwecken. Wie gut kann ich das erstaunte, fassungslo-
se „Wer ist denn dieser?!" der Menschen verstehen, die
erlebten, wie Jesus, der Sohn des Zimmermanns, all das
Unmögliche möglich machte!

Noch einmal muss ich an dieser Stelle meine totale
Ahnungslosigkeit in Sachen Motor betonen. Wer selbst
schraubt und repariert, hat sicher Schwierigkeiten, das
Wunderbare dieser Geschichte nachzuvollziehen. Dem
erscheint vermutlich auch der Jesus-Vergleich wenig
passend. Ich bitte dafür ausdrücklich um Entschuldigung, aber auch um ein wenig Barmherzigkeit. Für
mich ist das Ganze eine wunderbare Geschichte.

Doch zunächst einmal erlaubt der Zimmermannssohn – mein Schüler – sich, mir das Ende all meiner

Hoffnungen vor Augen zu führen. Einige Tage nach dem Abtransport des Rollers bittet er mich im Beisein einiger Mitschüler mit betrübtem Gesicht zu sich. Schon die Anwesenheit seiner Freunde hätte mich stutzig machen müssen!

„Herr Sieling, es tut mir wirklich sehr leid. Bei einer Probefahrt mit Ihrem Roller habe ich einen Crash gemacht und jetzt sieht Ihr Gefährt so aus ..." Er hält mir das Display seines Handys vor die Augen. Auf dem Boden verteilt, erkenne ich Einzelteile meines Fahrzeuges. „Na ja, Hauptsache, dir ist nichts passiert ... und der Roller war ja sowieso kaputt", presse ich mannhaft zwischen schmal gewordenen Lippen hervor.

Kann ich denn ahnen, dass ich mir da in meiner achten Klasse eine kleine Laienschauspielgruppe herangezogen habe? In Sekundenbruchteilen schlägt Betroffenheit und Mitempfinden über den Verlust in schallendes Gelächter um. „Au Mann, Herr Sieling, wie leicht kann man Sie denn ver... („verwirren" oder so ähnlich war, glaube ich, das Wort an dieser Stelle)?!" Die Jungen können ihr prustendes Gelächter kaum stoppen. Doch irgendwie gelingt es ihnen doch, mir begreiflich zu machen, dass Dennis' Reparatur eben sehr gründlich ausgefallen sei. Er hat das Fahrzeug nicht kaputtgefahren, sondern in seine Einzelteile zerlegt.

Ich atme erst einmal tief durch.

Es wird mir bis zum Ende meiner Tage ein Rätsel bleiben, wie, aber der Junge baut in den nächsten Tagen aus diesem Puzzle kleiner und kleinster Metall- und Plastikteile tatsächlich einen funktionierenden Motorroller zusammen. Nur etwa 14 Tage nach der

Einzelteilpräsentation teilt Dennis mir mit, ich könne meinen Roller jetzt abholen.

Wie gerne hätte der Junge die Fahrt von Meinerzhagen nach Gummersbach selbst gemacht! Aber er ist ja noch nicht einmal so alt, dass er den Führerschein machen könnte.

In der Garage angekommen, erklärt Dennis, warum der Roller nicht mehr funktionstüchtig war und welche Teile er auswechseln musste. Die Kosten für das Material liegen bei nur ca. 50 Euro. Der Schaden war also durchaus überschaubar. Aber erst als der Sohn des Zimmermanns sich darum kümmerte, kam die Sache in Ordnung.

Wenn Sie also demnächst in Gummersbach und Umgebung unterwegs sein sollten, halten Sie Ausschau nach einem kleinen, untersetzten (Ich liebe dieses Wort!) Herrn auf einem weißen Honda-Motorroller mit schwarzem Gepäckfach. Ergibt sich die Gelegenheit, sprechen Sie den Mann ruhig an. Er wird Ihnen dann sehr gerne persönlich empfehlen, in den kleinen und großen Problemen des Lebens Hilfe bei dem Sohn des Zimmermanns – bei Jesus Christus – zu suchen.

Ein 20-Kilometer-Tritt

Doch, ich habe Verständnis für das Bedürfnis von Jungen, ihre Kräfte zu messen. Nicht jeder Spaßkampf löst bei mir gleich die rote Lampe für „Gefahr im Verzug" aus. Aber beim Treten hört bei mir der Spaß auf. Und wie der da aufhört! Da gibt es null Toleranz. Treten geht gar nicht.

Ich habe in meiner Schulzeit einmal einen böse verunglückten Tritt erlebt. Ziel des Treters war die Rückseite eines Mitschülers. Doch der drehte sich im falschen Augenblick um. So traf ihn der Tritt genau da, wo es einem Jungen besonders wehtut. Die Aktion lief so extrem unglücklich, dass ein Hoden des Jungen in die Bauchhöhle gedrückt wurde. Die Schmerzensschreie habe ich noch heute im Ohr.

Meine Schüler wissen über mein Jugenderlebnis Bescheid. Sie kennen meine Abscheu gegen jede Gewalt und besonders gegen das Treten. Nun muss aber jede Generation ihre eigenen Erfahrungen machen. Darum bin ich nicht übermäßig verwundert, als ich in den Pausen vermehrt beobachte, wie getreten wird, und auch entsprechende Berichte von Schülern und Lehrern erhalte. Es ist dabei immer wieder erstaunlich, dass Tretende und Getretene das Ganze mit „War doch nur Spaß" erklären.

Mir ist schon klar, wie seltsam Jungen – auch erwachsene – ticken können. Aber, wie gesagt, Treten und Spaß, das geht bei mir nicht zusammen.

Als schließlich erste Betroffene berichten, der „Spaß" habe sich beim Tritt des Mitschülers gar nicht mehr lustig angefühlt, ist das Maß voll.

Nach Rücksprache mit dem Kollegium und einem Gespräch im Kreise von Eltern und Schülervertretern fassen wir einen Beschluss: Es ergeht an unserer Schule ein allgemeingültiges strenges Tretverbot. Wer sich nach der Verkündung dieses Verbots dennoch zu einem Tritt hinreißen lässt, wird sofort nach Hause geschickt. Dort muss er dann über sein Verhalten einen mindestens eine DIN-A4-Seite umfassenden Aufsatz schreiben. Die Eltern müssen unterschreiben und damit bestätigen, dass sie von der Angelegenheit Kenntnis genommen haben.

Natürlich ahnen Sie, was kommt. Schließlich präsentiere ich Ihnen ja eine Geschichte und kein Überraschungsei. Mensch bleibt nun einmal Mensch. Von Adam bis Martin. So wie der erste von Gott erschaffene Mensch (hebr. *Adam)* das eine Gebot Gottes – „Iss nicht von diesem Baum!" – nicht halten konnte, so hat auch Tausende von Jahren später mein Martin Probleme damit, das Tretverbot einzuhalten.

Als Ältester von fünf Brüdern ist er eigentlich ein eher ruhiger Junge. Er neigt keineswegs zu Gewalt. Aber abseits stehen, wenn in der Klasse 8 mal wieder Hahnenkämpfe ausgetragen werden, das mag Martin nun auch nicht. Es ist nichts Bösartiges in seinem Handeln, er macht das, was vor und mit ihm viele andere auch getan haben. Aber Martin erwischt an diesem Tag einen denkbar ungünstigen Moment. Nämlich den, in dem ich auf der Bildfläche erscheine. Etliche Schüler sehen mich, und wir sehen zusammen, wie Martin Lukas tritt.

Null Chance für mich, so zu tun, als hätte ich es nicht mitbekommen. Viele Augenpaare sind erwartungsvoll auf mich gerichtet. Was wird jetzt passieren? Wie ernst ist die Androhung zu nehmen, nach Hause geschickt zu werden?

Ich muss ein wenig Zeit und Ruhe gewinnen, um angemessen handeln zu können. Daher gebe ich der Klasse eine Aufgabe zur Stillbeschäftigung und nehme Martin mit in mein Büro.

Eine Weile sitzen wir uns dort schweigend gegenüber. Mir wird klar, dass ich in dieser Situation konsequent handeln muss. Die Glaubwürdigkeit aller Kolleginnen und Kollegen steht auf dem Spiel.

Martin ist vielleicht schon vor mir klar, dass ich jetzt seine Eltern anrufen muss. Jedenfalls sagt er auf meine entsprechende Ankündigung nur leise, mit von dunklen Ahnungen belegter Stimme: „Oh, da kann ich mich wohl auf einen unbequemen Heimweg gefasst machen."

Wie recht er mit seiner Ahnung behalten soll, ahne ich in diesem Moment noch nicht.

Nachdem ich der Mutter den Sachverhalt geschildert habe, bittet sie mich, den Hörer an ihren Sohn weiterzureichen, damit sie selbst mit ihm sprechen kann.

Ich gebe dem Jungen den Hörer und werde dann einseitiger Zeuge eines in russischer Sprache geführten Dialogs. Der Gesprächsanteil meines Schülers ist dabei gering. Ich gewinne den Eindruck, dass Martin gelernt hat, wann es besser ist, seiner Mutter gegenüber klein beizugeben.

Er wirkt zerknirscht, als er mich noch einmal an das Telefon bittet. Frau Täfler spricht jetzt wieder Deutsch. Sie teilt mir mit, dass sie völlig damit einverstanden sei, dass Martin nach Hause geschickt werde. Der Junge solle sich jetzt gleich auf die Socken machen. Sie erwarte ihn um spätestens 14:00 Uhr zu Hause. Auf Wiederhören.

Ich bin mittelschwer irritiert – und Ihnen, liebe Leser, eine Erklärung für diese Irritation schuldig.

Martins Elternhaus steht in Meinerzhagen. Seine Schule ist in Gummersbach. Zwischen den beiden Orten liegen etwa 20 (!) Kilometer. Ein Schulbus befördert Martin und viele seiner Mitschüler täglich von Meinerzhagen nach Gummersbach und zurück. Ich nahm nun an, Frau Täfler würde ihren Sohn abholen oder ihn auffordern, die Zeit bis zur Rückfahrt nach Schulschluss abzuwarten. Doch weit gefehlt!

Nach Rückfrage bei Martin bestätigt sich meine Vermutung. „Auf die Socken machen" hat Frau Täfler genau so gemeint. Martin soll die 20 Kilometer zu Fuß zurücklegen.

Mir ist nicht wohl bei dem Gedanken. Aber die mütterliche Autorität zu untergraben kommt gar nicht infrage, und so lasse ich Martin dann mit gemischten Gefühlen ziehen.

Mir geht durch Herz und Sinn, wie schwer es einem doch fällt, einen Menschen, den man mag, zu bestrafen.

Wie muss Gott empfunden haben, als er seinen geliebten Sohn Jesus am Kreuz von Golgatha leiden und sterben sah?! Und er trug dort auch noch die Strafe für Sünden, die er gar nicht selbst getan hatte! Es waren die Sünden der gesamten Menschheit, die Gott dort stellvertretend an Jesus, dem Erretter, bestraft hat. Wie unfassbar groß muss Gottes Liebe zu uns Menschen doch sein!

Zurück zu Martin. Er befolgt die mütterliche Anweisung. Am nächsten Tag kommt er zu mir, um seine Strafarbeit abzugeben. Er sagt, er hätte unterwegs viel Zeit zum Nachdenken gehabt. Einiges an seinem Verhalten in der Schule und zu Hause wolle er jetzt ändern. Und Treten sei ja auch wirklich gefährlich.

Martin gewinnt mit seiner Haltung zu der Strafe und auch mit dem, was er in seinem Aufsatz dazu geschrieben hat, meine Hochachtung. Er kann ohne Klagen akzeptieren, dass ich ihn nicht verschonen konnte. Der Junge hat den Schuldspruch über sich angenommen.

Er gibt damit eine moderne Veranschaulichung der Bibeltexte: „... alle haben gesündigt und erlangen nicht die Herrlichkeit Gottes ..." (Römer 3,23), und: „...eure Vergehen sind es, die eine Scheidung gemacht haben zwischen euch und eurem Gott ..." (Jesaja 59,2).

Martin wäre aber nicht Martin, wenn er nicht auch wüsste, was in einer scheinbar so aussichtslosen Lage der nächste Schritt ist. Bitte beachten Sie, dass es hier nicht mehr um das Verhältnis eines Schülers zu seinem Schulleiter geht. Es geht jetzt darum, was uns diese Begebenheit über den Alltag und die Schulwirklichkeit hinaus lehren kann. Es handelt sich gewissermaßen um „höhere Beträge". Martin lehrt mich an diesem Tag, wie wichtig es ist, Schuld einzugestehen, und was es heißt, dabei ganz Gott zu vertrauen, denn die Bibel sagt: „Wenn wir unsere Sünden bekennen, ist er treu und gerecht, dass er uns die Sünden vergibt und uns reinigt von jeder Ungerechtigkeit" (1. Johannes 1,9).

Mir fällt es sehr leicht, Martins Bitte um Verzeihung zu erfüllen. Die ganze Sache soll mit diesem Tag vergeben und vergessen sein. Und so geschieht es auch. 14 Tage später ruft seine Mutter an. „Der lange Spaziergang hat unserem Jungen richtig gutgetan. Er ist jetzt auch zu Hause viel ausgeglichener."

Auch in der Schule entwickelt Martin sich prächtig. Er erwirbt die Fachoberschulreife und strebt jetzt dem Abschluss seiner Ausbildung entgegen.

Eiszeit am Heiligabend

Jakob (6) und Josua (4) können es kaum noch aushalten. Wie lange soll das denn noch bis zur Bescherung dauern? Der Papa soll sich bloß nicht über die Ungeduld beschweren. Wer hat denn schon seit Wochen die kleinen Jungenherzen mit seinen Andeutungen höher schlagen lassen?

Jetzt ist die Mama schon seit gefühlten Stunden im Wohnzimmer. Ein paar Kerzen anmachen kann doch nicht so lange dauern.

Auch das noch: Telefon!

Wer ruft denn, bitte sehr, jetzt an? Es ist der 24. Dezember 1996, ungefähr 16:30 Uhr!

„Mensch, Papa, lass doch einfach klingeln. Nicht den Hörer abnehmen!"

Der Papa bin ich. Es fällt mir nicht so schwer, das Geräusch des mich verlangenden Telefons gelegentlich auch zu überhören. Es soll ja Menschen geben, denen das einfach unmöglich ist. Zu diesen gehöre ich nicht. Aber etwas am Klang des Gerätes macht mir klar, dass ich jetzt und gerade zu dieser unmöglichen Zeit die Ohren nicht auf Durchzug stellen darf. Und darum greife ich trotz der gut gemeinten Warnung meiner Jungen zum Hörer.

Schlagartig wird mir sehr kalt. Das liegt an dem, was mein Stellvertreter, Torsten Bluhm, mir mitteilt. Herr Bluhm wohnt nicht weit vom Schulgebäude entfernt. Bei einem kleinen Spaziergang führte er seinen Vater auch zu seinem neuen Arbeitsplatz: zur Georg-Müller-Gesamtschule in Wetter an der Ruhr. Es handelt sich um einen Containerbau. Kalt darf es dort in der Ferienzeit darum durchaus sein. Aber *so* kalt?

Herr Bluhm ging der Sache auf den Grund und fand die Ursache: Die Flüssiggasheizung ist außer Betrieb.

Mach sie halt wieder an, denke ich. *Das sollte vor Ort doch wohl eher gelingen, als dass ich das von meinem Wohnhaus aus dem mehr als 30 Kilometer entfernten Bochum erledigen könnte.*

Ich bin allerdings total auf dem Holzweg. Das wird mir bei Torstens folgenden Erklärungen klar.

„Sie lässt sich nicht wieder einschalten. Wirklich schlimm ist aber, dass an vielen Stellen im Gebäude die Heizungsrohre geplatzt sind."

„Oh!"

„Du kommst besser mal schnell her!"

Es gibt Situationen im Leben, in denen es mir äußerst schwerfällt, ein gewisses Wort nicht laut und deutlich mehrere Male auszusprechen. Dies ist definitiv eine solche Situation.

Nun bin ich andererseits aber auch jemand, der schon früh das Gedicht von dem Herrn Klein verinnerlicht hat, der in jeder Lebenslage spricht: „Es könnte noch viel schlimmer sein." Daher kommt vermutlich auch der Gedanke daran, dass es glücklicherweise so kalt ist, dass das Wasser in der Heizung erst einmal nicht auftauen wird. Den Spanplatten in Decken, Wänden und Böden würde Wasser nämlich gar nicht guttun.

Also erst einmal Ruhe bewahren.

Ich erkläre meiner Frau den Sachverhalt. Wir beschließen, unseren Jungen eine Kurzfassung der geplanten Bescherung zu präsentieren, getragen von der Hoffnung, eine maßlose Feindschaft zwischen Jakob, Josua und allem, was Schule bedeutet, zu verhindern.

Die spüren natürlich, dass etwas nicht stimmt, und stellen Fragen. Offenbar verstehen die Jungen, dass hier ein wirklich ernstes Problem vorliegt. Sie finden es gut, dass trotzdem erst sie dran sind. Dass Papa dann später noch mal weg muss, ist schon in Ordnung. Vorausgesetzt natürlich, die Sache mit den Geschenken fällt zu ihrer Zufriedenheit aus.

In diesem Punkt sind wir nun sehr stark vom Einsatz meiner Ehefrau in den vergangenen Wochen abhängig. Mein Beitrag zur alljährlichen Geschenkebeschaffungsrallye kann uns jedenfalls nicht retten. Doch wie gut, dass Regina vier Brüder hat. Sie weiß, wie Jungs ticken. Darum werde ich schließlich nach einer geglückten Bescherung von guten Wünschen begleitet in Frieden Richtung Arbeitsplatz entlassen.

Zur Erinnerung: Es ist Heiligabend, inzwischen etwa 19:00 Uhr.

Die Fahrt zur Schule in Wetter an der Ruhr dauert ungefähr 40 Minuten. Ich informiere Torsten und mache mich auf den Weg. Er empfängt mich am Gebäude und wir besehen die Schäden.

Mit dem Baufach sind wir als Pädagogen nicht vertraut. Was ist zu tun?

Wir telefonieren mit den Verantwortlichen des Schulträgers und bitten um Unterstützung. Nach längeren Beratungen beschließen wir einen Aktionsplan für den nächsten Tag. Wir sind ziemlich sicher, dass bis dahin nicht noch mehr kaputtgehen kann.

Es ist mehr als eine Beruhigungspille, als wir schließlich noch gemeinsam beten. Wir bitten Gott darum, seine Hand schützend über das Schulgebäude zu halten. Es ist das einzige Mal in meinem nunmehr 50 Jahre währenden Leben, dass ich meinen Vater im Himmel darum bitte, es möge doch eiskalt bleiben!

Zumindest bis zum nächsten Tag.

Dann tritt unser Plan in Kraft. Uns allen ist klar, dass es gelingen muss, die Überschwemmung durch das Heizungswasser zu verhindern. Das Gebäude würde sonst ziemlich sicher nicht mehr nutzbar sein. Wir müssen ein kontrolliertes Auftauen hinbekommen.

Dafür brauchen wir allerdings viele helfende Hände. Aus diesem Grund starten wir eine Telefonnotrufkette.

Man beachte: Es ist der erste Weihnachtstag 1996. Die Schule gibt es erst seit zweieinhalb Jahren. Gerade einmal etwas mehr als 100 Schüler und deren Eltern bilden die gesamte Schulgemeinschaft. Doch was wir in den nächsten Tagen erleben, ist ein großartiges Beispiel für christliche Solidarität, für die Identifikation von Eltern, Schülern und Lehrern mit ihrer Schule. Darüber hinaus helfen viele Personen aus Gemeinden, aus der Verwandtschaft und aus dem Freundeskreis.

Ich erinnere mich an riesige Heißluftgebläse, die sonst auf dem Bau eingesetzt werden, an Radiatoren, Heizstrahler, Föhns, Lötlampen und sonstige Geräte, die zum Auftauen irgendwie geeignet scheinen.

Da die Heizungsrohre zum größten Teil sichtbar außerhalb der Wände verlegt sind, stehen an jeder erkennbaren Schadensstelle mehrere Personen mit Lappen, Töpfen und Eimern. Es ist zu spüren, wie alle mitfiebern, ob der Plan gelingt.

Bei aller Betriebsamkeit, dem Lärm der Geräte, den hektischen Bemühungen, den enormen Bedarf an elektrischer Energie zu sichern, und der Sorge, keine zu große Hitze zu entfachen, die Brandgefahr bedeuten könnte, liegt über allem und allen ein ganz eigener, sonderbarer weihnachtlicher Frieden.

Wir alle sind getragen von der Zuversicht, dass Gott uns zu Weihnachten nicht allein lassen wird.

Vom zehnjährigen Schüler mit seinem Föhn über die 40-jährige Mutter mit ihrem Infrarotstrahler, bis zum über 70-jährigen, pensionierten Bauunternehmer, der das Fauchen seines dieselgetriebenen Gebäudetrockners im großen Eingangsbereich im Zaum hält – jeder ist an seinem Platz zum Einsatz bereit.

Irgendwann ein erster Ruf: „Hier tropft es!"

„Hier auch!"

Viele Stunden lang wird ab jetzt Wasser gewischt, ausgewrungen, in die Kanalisation geschüttet.

Endlich die erlösende Nachricht: „Es kommt nichts mehr! Das Wasser muss wohl ganz raus sein."

So ist es dann auch. Noch vor Wiederbeginn des Unterrichts können die Rohrschäden repariert und die Heizungsanlage wieder in Betrieb genommen werden.

Mir bleibt das Staunen über Gottes Methoden, für unvergessliche Weihnachtstage zu sorgen.

Erleuchtete Eltern

Stille in einem Klassenzimmer kann sehr schön sein.

Kann.

Es gibt aber auch Momente, da tut sie weh, ist schwer wie Blei, legt sich lähmend auf alle, die sie aushalten müssen.

Einen solchen Moment erleben wir in der Klasse H5 im Dezember 2011.

„Das war mein kleiner Cousin." Es sind diese wenigen Worte von Björn, mehr geflüstert als gesprochen, die uns alle still machen. So still, dass es eben schon wehtut.

Was bis dahin einfach nur ein allgemeiner Hinweis des Lehrers zu den Gefahren des Straßenverkehrs auf dem Schulweg ist, wird schlagartig zu einer ganz persönlichen Angelegenheit. Der sechsjährige Junge, der beim Spielen an der Schulbushaltestelle von einem

Auto erfasst und tödlich verletzt wurde, hat plötzlich einen Namen.

Er ist gewissermaßen in Person seines Cousins Björn persönlich im Klassenzimmer.

Es geht nicht mehr um eine weitere namenlose Zahl in der Verkehrsopferstatistik, weit entfernt und ohne größere Bedeutung. Nein. Jetzt ist es etwas völlig anderes.

Meinem Bericht über den Unfall haben die Kinder durchaus interessiert zugehört. Auch meine Warnungen vor dem plötzlichen Betreten der Fahrbahn, vor Rangeleien auf dem Gehweg und ähnlichen Dingen haben sie brav abgenickt, aber durchaus erkennbar mit der inneren Haltung *„Ach, mir wird sowieso nichts passieren!"*.

Doch damit ist es nach Björns Worten vorbei. Hier und heute sitzen wir alle in einem Klassenzimmer mit einem Jungen, der in wenigen Tagen die Beerdigung seines Cousins erleben wird. Die tödliche Gefahr des Straßenverkehrs rückt uns in diesen Minuten kalt und unbarmherzig unangenehm nah. Sie verschließt uns den Mund. Lehrer und Schüler sind erst einmal sprachlos. Das ist so ein Moment der Stille, der so unsagbar schwer zu ertragen ist.

Vielleicht deshalb dauert er aber auch nicht sehr lange. Recht bald löst sich bei den Kindern die Schreckstarre. Sie wollen jetzt alles ganz genau von Björn wissen. Doch der weiß auch nicht viel mehr als das, was in der Tageszeitung berichtet wurde. Und außerdem will er auch gar nicht so viel erzählen. Eine Sache ist ihm aber doch außerordentlich wichtig. Mehrfach betont er mit Nachdruck: „Das Schlimme ist, dass es da ganz dunkel war. Die Straßenlaternen waren schon lange kaputt, aber darum hat sich keiner gekümmert!"

„Waaas?!" Im Fragewort der Schülerinnen und Schüler ist das A mindestens drei Buchstaben lang. Meins fällt auch nicht kürzer aus.

Das gibt es doch wohl nicht! An einer viel befahrenen Straße, an der Tempo 100 erlaubt ist, bleibt der Bereich einer von zahlreichen Kindern genutzten Schulbushaltestelle unbeleuchtet?! Tagelang! Obwohl die Verantwortlichen Bescheid wissen!

Wir fassen es nicht.

Doch Björn sorgt dafür, dass unsere Fassungslosigkeit ganz schnell und massiv umkippt. Sie wird zu Wut. Er sagt nämlich: „Am Morgen nach dem Unfall waren die Straßenlaternen wieder ganz."

Ich erinnere mich an den Bericht in der Tageszeitung. Dort stand, dass der Unfall bei normalen Sichtverhältnissen so sicher nicht hätte passieren können.

Nach außen hin versuche ich, Ruhe zu bewahren. Das gelingt auch so weit, dass ich das Durcheinander der aufgebrachten und wütenden Stimmen und Meinungen nach ein paar Minuten wieder in geordnete Bahnen lenken kann.

Mit einem eindringlichen Appell, auf dem Schulweg vorsichtig zu sein, entlasse ich die Klasse H5 in die Pause.

Meinem eigenen inneren Aufruhr gebe ich erst Raum, als ich allein im Klassenzimmer bin.

Schon seit Jahren kämpfen Schulträger und wir als Schulleiter um eine angemessene Beleuchtung des Gehwegs und der Straße, die direkt zu unserem Schulgebäude führen.

Zahlreiche Briefe und Gespräche haben bisher lediglich zu einer Geschwindigkeitsreduzierung von 70 auf 50 km/h geführt. Das ändert aber leider überhaupt nichts daran, dass es gerade in den Herbst- und Wintermonaten weiterhin stockfinster ist, wenn die Kinder morgens auf dem schmalen Gehweg zum Schulgebäude unterwegs sind. Wie denn auch?!

Häufig berichten Eltern, Lehrerinnen und Lehrer, aber natürlich auch sonstige Autofahrer von Beinahezusammenstößen mit Kindern.

Nach einigen hektischen Schritten, bei denen ich die Fäuste geballt habe und gegen unsichtbare Gegner ausfahre, sowie nach einigen unartikulierten Unmutsäußerungen finde ich langsam wieder zurück zu innerer Stabilität.

Das führt dazu, dass ich erst einmal von Herzen Gott danke. Für die fürsorgliche, väterliche Bewahrung unserer Schülerinnen und Schüler bis zu diesem Tag. Hunderte – ach, Unsinn – Tausende gegangene und gefahrene Kilometer in all den Jahren. Von 1994 bis 2011. 17 Jahre lang sind Kinder von zu Hause zur Schule und zurück unterwegs, und nie – nicht ein einziges Mal – hat es einen Unfall mit Personenschaden gegeben.

Bei diesem Gedanken hellt sich meine Stimmung wieder etwas auf.

Doch ein leises, kaum wahrnehmbares Unbehagen hat sich offenbar doch im Stile des bekannten, winzig kleinen Steinchens im Wanderschuh irgendwo in den hinteren Windungen meines Hirns eingeschlichen. Dort treibt es nun sein Unwesen. Nicht auf Schritt und

Tritt, aber doch immer mal wieder macht es sich störend bemerkbar. Es lässt nicht locker.

Diese Dunkelheit. Dunkelheit ist gefährlich. Es muss etwas passieren, um dieser Dunkelheit ein Ende zu bereiten.

Je mehr ich diesem Gedanken Raum gebe, desto klarer sehe ich. Mir wird nach und nach bewusst, dass mir in diesem Straßenverkehrsproblem eine Illustration eines Konflikts von wahrhaft biblischem Ausmaß begegnet.

Von Jesus Christus heißt es in der Bibel, dass er das „Licht der Welt" ist (Johannes 8,12). Die Stunde, in der er gefangen genommen wurde, um zum Tode am Kreuz verurteilt zu werden, wird „die Macht der Finsternis" genannt (Lukas 22,53). Die Dunkelheit scheint übermächtig zu sein. Der Sieg des Todes über das Leben.

Doch es ist ein strahlend heller Ostermorgen, an dem das Gegenteil deutlich wird.

Menschen hören die gute und froh machende Botschaft: „Was sucht ihr den Lebenden unter den Toten? Er ist nicht hier, sondern ist auferweckt worden" (Lukas 24,5–6).

Sieg! Mehr als Sieg. Triumph. Das Licht hat dem Tod die Macht genommen. Gott sei Dank!

Mir geht durch den Sinn, dass die ganze Schöpfung damit beginnt, dass Gott spricht: „Es werde Licht" (1. Mose 1,3). Und dass von Gott selbst geschrieben steht: „Gott [ist] Licht und gar keine Finsternis [ist] in ihm" (1. Johannes 1,5).

Mir fällt auch ein, dass Jesus selbst seine Jünger als „Licht der Welt" (Matthäus 5,14) bezeichnet.

So nimmt nach und nach eine Idee in meinem Kopf genauere Konturen an.

Zum Gedenken an den in der Dunkelheit verunglückten Schüler, als Mahnung, den Weg zu unserer Schule endlich vernünftig zu beleuchten, und als Zeichen dafür, dass das Licht doch stärker ist, zünden wir ein Teelicht an.

Ein Teelicht?! Eine Superidee! Was soll das denn bringen?!

Nun, ja. Ein Teelicht allein ist natürlich wirklich wenig. Jedenfalls wenn man damit an einem Dezembermorgen eine Straße beleuchten will. Wenn aber 160 Schülerinnen und Schüler und dazu noch etwa 15 Lehrerinnen und Lehrer jeweils ein Teelicht entzünden, dann sieht das schon anders aus!

Es ist überhaupt nicht schwer, die Jungen und Mädchen und auch das Kollegium für die Umsetzung der Idee zu gewinnen.

Am 21. Dezember 2011 ist es dann so weit. In der Dunkelheit eines trüben Dezembermorgens gehen lebendige Lichtträger von ihrer Bushaltestelle oder ihrem Parkplatz über den Gehweg zur Einmündung auf das Schulgelände. Dort flankiert die Schulgemeinschaft die Einfahrt zu unserer Schule.

Es ist ein stimmungsvolles Bild, ein würdiges Zeichen unseres Gedenkens und Mitempfindens, aber auch ein nicht zu übersehendes Mahnmal, das auffordert, dort Licht zu schaffen, wo Menschenleben durch die Dunkelheit gefährdet sind.

Noch am Abend des 21. Dezember 2011 erhalte ich in Form einer E-Mail die Reaktion einer Mutter auf unsere Aktion: „... Eine Lichterkette aus Schülerinnen und Schülern links und rechts an der Einfahrt zu unserer Schule. WUNDERSCHÖN! Ich war überwältigt und tränengerührt ..."

Es ist eine besondere, wertvolle Erfahrung, die wir Lichtträger mit in die Weihnachtsferien nehmen. Es lohnt sich, ein Licht anzuzünden – und sei es auch noch so klein. Wenn wir das gemeinsam tun, dann haben wir die Chance, der Dunkelheit wirksam zu begegnen.

PS: Inzwischen ist es für uns alle zur Gewissheit geworden: Am Ende triumphiert eben doch das Licht. Am 6.8.2012 begannen die Bauarbeiten für die Gehwegsicherung, eine Überquerungshilfe und – ganz besonders wichtig – für die Beleuchtung der Gefahrenstelle. Gott sei Dank!

Frei fliegende Tiere

Was sehen Sie vor Ihrem inneren Auge, wenn Sie diesen Klassenbucheintrag lesen: „Unterricht nicht möglich, wegen frei fliegender Tiere im Klassenzimmer"?

Ich jedenfalls kann nicht verhindern, dass sich Dumbo, der fliegende Elefant, Skippy, das Buschkänguru, Clarence, der schielende Löwe, Fury, der schwarze Hengst, Lassie, der schlaue Collie, und manch anderes Getier meiner Kindheit und Jugend bei mir sehr lebhaft ins Bild setzen. Eine herrliche Menagerie, die da im Klassenraum eine tierische Flugshow bieten, als sei es das Selbstverständlichste auf der Welt. Ach, Schule kann so traumhaft schön und sogar lustig sein.

Doch ich will eins nach dem anderen berichten. Wie kommt es überhaupt zu so einem Klassenbucheintrag?

Da will der Biologielehrer einfach nur lebendigen Unterricht anbieten; darum dürfen die Kinder zum

Thema „Haustiere" ihre kleinen Lieblinge mit in die Schule bringen.

Hamster, Kaninchen und Süßwasserfisch haben ihre Auftritte bereits bravourös gemeistert. Heute nun ist Cora, der gelbe Wellensittich von Carolin, an der Reihe. Wohl verwahrt hinter den Stäben eines Käfigs erfreut das Tier die Kinderschar mit seinem leuchtenden Gefieder, den lustigen Sprechversuchen und dem flinken Hüpfen von Stange zu Stange.

Bei allem Verständnis dafür, dass Nemo sein Aquarium nicht verlassen durfte – die Kinder verlangen für Cora gleiche Rechte wie für Hamster und Kaninchen: Freiheit! Raus aus dem Käfig!

Die Bedenken des Lehrers halten der zahlenmäßigen Überlegenheit der Kinder nicht stand. Es gelingt ihm noch, die Fenster schließen zu lassen, aber dann hat Carolin auch schon behände die Käfigtür geöffnet.

Jetzt erst kann Cora ihre wahren Qualitäten zeigen. Oh, wie ist das Fliegen schön!

Die Kinder sind begeistert und äußern das auch.

Cora zeigt sich von ihrer besten Seite.

Wie cool ist das denn?!, werden sich die Kinder denken. Nur mit ein bisschen Tempo auf den Lehrer zufliegen und schon geht der hinter dem Pult in Deckung. Was für ein Spaß! Jedenfalls für Cora und die Kinder. Für den Lehrer weniger. Der sieht jetzt auch ab und zu auf seine Armbanduhr. Gleich wird es zur Pause klingeln. Doch wenn die Tür erst einmal aufgeht, ist Cora garantiert weg.

Was tun? Er verschafft sich Gehör und bittet Carolin, den Vogel wieder in den Käfig zu locken. Ein verständlicher Wunsch. Aber auch nicht mehr als das.

Immerhin gelingt es unter Einsatz aller in der Fächerkombination Biologie und Sport liegenden Möglichkeiten, die Kinder beim Klingeln nach draußen zu lassen und Cora drinnen zu halten.

Aber der Wellensittich genießt weiterhin seine fliegerische Freiheit. Weder das erfolgreiche Studium der Biologie noch die Verdunkelung des Klassenraums, noch die von Carolin angebotenen Leckerbissen bringen den Vogel in seinen Käfig zurück.

Dem Lehrer schwant Fürchterliches, als er daran denkt, dass in wenigen Minuten Frau Geiger in ebendiesem Raum Englisch unterrichten soll. Er kapituliert und begibt sich zur Erklärung des Sachverhalts zum Schulleiter.

Ich höre ihn an, lache und erkläre: „Warten wir doch mal ab, was passiert."

Wenn Sie ein Beispiel für die Illustration des Sachverhalts „Eine Person verkennt völlig die Bedeutung einer Situation" gesucht haben sollten – Sie haben es soeben gefunden.

Was nämlich infolge meiner „Abwarten"-Empfehlung passiert, ist eine etwa 20-minütige Abfolge von Hysterie, Chaos und Ohnmacht einerseits sowie Frohsinn, Gegröle und lautem Hurra andererseits. Ich gehe davon aus, dass ich nicht ausdrücklich erklären muss, auf welcher der Seiten die Lehrerin und auf welcher die Schüler zu finden sind.

Kaum hat es geklingelt, wird Kollegin Geiger von einem wirklich nett anzuschauenden kleinen, gefiederten

Zeitgenossen durchaus freundlich, vielleicht, eventuell, unter Umständen ein kleinwenig unerwartet und lebhaft begrüßt. Cora ist eben ein Familienvogel und weiß menschliche Gesellschaft daher durchaus zu schätzen. Doch die Lehrerin ist auf derart schwungvoll gezeigte Zuneigung einfach nicht vorbereitet, was vielleicht auch noch minimal dadurch erschwert wird, dass die erste Kontaktaufnahme seitens des Vogels zu einem Zeitpunkt erfolgt, als Frau Geiger aus einem hell erleuchteten Flur in einen unerklärlicherweise völlig abgedunkelten Klassenraum eintritt. Die ihr artig folgenden Schüler tragen nun leider so gar nicht zu einer wirklichen Entspannung der Lage bei.

Erst als Frau Geiger völlig aufgelöst, fassungslos, hysterisch, wutentbrannt, schnaubend und äußerst schwungvoll die Tür zu meinem Büro aufreißt, wird mir noch vor ihrem ersten Wort klar: Ich habe einen schweren Systemfehler verursacht!

Zugegeben, liebe Leserin, lieber Leser, Sie kennen jetzt nicht einmal das erste Wort meiner Kollegin. Aber Sie haben doch sicher Verständnis dafür, dass ich Ihnen die weiteren, sich vom Wort über den Satz bis hin zum Text steigernden Wörter ersparen möchte? Ich weiß Ihre Freundlichkeit wirklich sehr zu schätzen. Danke.

Nun ja. Es wäre wohl besser gewesen, vor dem Unterrichtsbeginn einen kleinen Hinweis auf die Situation im Klassenraum zu geben. Eventuell hätte auch zuerst der Biologielehrer die Gefangennahme des gefährlichen Fliegers vornehmen sollen.

Aber hinterher ist man ja immer schlauer ...

Die Begeisterung der Schüler über diesen grandiosen Unterrichtsbeginn und das Entsetzen der Lehrerin über das exakt gleiche Erlebnis bilden jedenfalls einen höchst bemerkenswerten Gegensatz. Dieser Gegensatz wird dadurch noch verstärkt, dass es der Kollegin in keinem Augenblick gelingt, die Situationskomik oder auch nur den Anflug einer solchen zu erkennen. Das Ganze hat für sie wohl eher den Charakter eines böswilligen Angriffs auf ihre Person.

Ihre ganze Empörung über den Vorfall legt sie dann in den zu Beginn zitierten Klassenbucheintrag.

Ich brauche einige Tage, bis mir dämmert, dass ich mich bei meiner Kollegin um Entschuldigung bemühen sollte. Auf ihre Kosten habe ich mich amüsiert und meine Schadenfreude vor den Schülern ganz sicher nicht angemessen zurückgehalten. Als mir deutlich wird, dass ich an Frau Geiger schuldig geworden bin, vergeht mir das Schmunzeln. Ich empfinde Scham darüber, dass ich die Lehrerin in der Situation, die als solche natürlich durchaus komisch war, allein gelassen und der Lächerlichkeit preisgegeben habe. Meine Schuld und meine Scham sind mir eine Zeit lang höchst unangenehme Begleiter. Ich möchte sie unbedingt loswerden. Und so verhilft mir ein kleiner gelber Wellensittich zu einer ungeahnten, wenig angenehmen, aber doch sehr wichtigen Lektion.

Was ich jetzt brauche – Ihre Vergebung –, kann ich mit der größten Anstrengung, mit allem Geld der Welt und auch mit den besten Beziehungen nicht alleine schaffen. Ich bin vollkommen darauf angewiesen, dass meine Kollegin meiner Bitte um Entschuldigung entspricht.

Es fällt mir schwer, ihr mein Anliegen vorzutragen. Frau Geiger hört mich an. Bestätigt, dass sie sich durchaus schlecht von mir behandelt und verletzt fühlt. Sie habe gehofft, dass ich kommen und aufrichtig um Verzeihung bitten würde, sagt sie.

Dann zeigt sie Größe. Sie verweist auf einen Bibeltext: „Wenn wir unsere Sünden bekennen, ist er treu und gerecht, dass er uns die Sünden vergibt und uns reinigt von jeder Ungerechtigkeit" (1. Johannes 1,9) und fährt fort: „Heute habe ich einmal die Gelegenheit, das, was ich im Vaterunser wohl schon Hunderte Male gesprochen habe, ganz konkret auf eine Person anzuwenden." Und dann folgen die erlösenden Worte: „Wie Gott mir vergeben hat, so vergebe ich auch dir, Thomas, deine an mir begangene Schuld."

Mein Dank kommt von Herzen. Wir geben einander die Hand. Die Last, die unser Miteinander sehr erschwert hat, ist nicht mehr vorhanden. Wir teilen das Gefühl, Befreiung erlebt zu haben.

Und von diesem Augenblick an wurde uns auch ein gelegentlicher gemeinsamer Rückblick auf die „Tiere-im-Klassenzimmer-Aktion" mit einem leichten Lächeln in beiden Gesichtern möglich.

Feuer im Zug

Es ist ruhig geworden im Schulgebäude. Die Schüler haben Deutsch, Mathematik, Erdkunde und alle anderen Unterrichtsfächer hinter sich gelassen und sind nun auf dem Weg nach Hause.

Zeit für den Schulleiter, schriftliche Arbeiten zu erledigen. Gelegenheit auch, das Amtsblatt und ähnlich wichtige Veröffentlichungen zu lesen. Aber auch zur Ruhe kommen, reflektieren und neu Atem holen ist in dieser Phase des Arbeitstages dran.

So weit die Theorie. Schön wäre das!

Stattdessen klingelt das Telefon. Und zwar mit diesem ganz und gar nicht zu überhörenden, extrem nervtötenden Ton. Der bohrt sich ohne Gnade in den Gehörgang und gibt nicht Ruhe, bis man endlich den Hörer ans Ohr genommen hat.

Ich gehe also – nichts Gutes ahnend – auf Empfang.

„Hier Sabowski, Deutsche Bahn", keift es, und im Stile des Vertreters der Anklage folgt: „Sie sind der Leiter der Georg-Müller-Gesamtschule in Wetter an der Ruhr?!"

Der Mann hat definitiv keine glückliche Schulzeit gehabt!

Ohr und Hörer habe ich inzwischen auf etwas größeren Abstand gebracht. Das verhindert aber nicht den Einschlag der folgenden Worte in meine dafür zuständigen Hirnwindungen: „Ein Schüler Ihrer Schule hat ein Zugabteil in Brand gesetzt."

Mein nach nur ganz wenigen – also wirklich sehr wenigen – Sekunden des Zögerns klar und deutlich gesprochenes „Wie bitte?" kommt bei Herrn Sabowski wohl nicht richtig an.

Vermutlich deshalb wiederholt er – mit nur ein kleinwenig stärkerer Betonung auf den Worten „Ihrer Schule" – seine offenbar rein sachliche Mitteilung.

Ebenso, natürlich auch fast vollständig frei von jeglicher Emotion, wiederhole ich mein „Wie bitte?".

Jetzt sind meine Worte zu dem Mitarbeiter der Deutschen Bahn durchgedrungen. Nach der einen oder anderen Erfahrung bei diversen Versuchen, das günstigste Ticket für eine zugegeben tückische Strecke wie der von Wetter nach Köln zu erwerben, darf ich das jedenfalls schon einmal als ersten Erfolg werten.

Der Anflug eines ganz leichten Wieder-obenauf-Gefühls vergeht mir allerdings ganz schnell.

Denn jetzt erläutert Herr Sabowski den Vorfall.

Zwei Schüler meiner Schule – Andreas und Björn – sind mit der Deutschen Bahn gefahren. Einer der beiden hat Papier im Abfallbehälter angezündet. Der Brand geriet größer als geplant, sodass andere Fahrgäste aufmerksam wurden. Es entstand ein größeres Durcheinander, bis schließlich der eilig herbeigerufene Zugbegleiter beherzt das Feuer löschte.

Der Sachschaden beschränkt sich auf einen ausgebrannten Müllbehälter und die dahinter befindliche, unbrauchbar gewordene Kunststofffläche. Personen haben glücklicherweise keinen Schaden erlitten.

Andreas und Björn wirken nur wenig beeindruckt. Das bleibt auch so, als der Zugbegleiter sie zur Rede stellt.

„Wer war das?"

Stumm weist Andreas auf Björn. Ebenso stumm weist Björn auf Andreas.

Auch nach vielen weiteren Worten bleibt es dabei. Die Jungen schieben sich gegenseitig die Schuld zu. Es ist nicht herauszubekommen, wer tatsächlich der Brandstifter ist.

Herr Sabowski erklärt mir jetzt, was er in dieser Angelegenheit von mir erwartet. „Jetzt sind Sie dran, Herr Sieling. Sie müssen herausbekommen, wer das Feuer wirklich verursacht hat. Es geht um die Schadensregulierung, um die Haftpflicht. Wir müssen ja wissen, wer die Reparatur bezahlt."

Inzwischen ist mir doch sehr danach, um Entschuldigung zu bitten. Das Fehlverhalten meiner Schüler bedauere ich ganz aufrichtig. Und heimlich tue ich auch Abbitte für meine schlechten Gedanken über die Deutsche Bahn.

Nach meinem Versprechen, mich um Klärung der Sachlage zu bemühen, wünscht Herr Sabowski mir dazu aufrichtig Erfolg. Ein wirklich netter Mann – eigentlich.

Am nächsten Tag bitte ich Andreas und Björn einzeln zum Gespräch in mein Büro.

„Etwas Besonderes gestern im Zug? Auf der Fahrt nach Hause?"

„Nein, gar nichts. Alles völlig normal."

„War da nicht etwas mit einem kleinen Feuer?"

„Feuer, Feuer ...? Ach so, das! Ja, aber das war ich nicht!"

Etwa so laufen beide Gespräche. Es ist nicht auszumachen, wer nun das Papier angezündet hat. Jedenfalls habe ich bisher nicht einmal den Hauch eines Hinweises, der mir erlaubt, einen der Jungen stärker zu verdächtigen.

Es folgt ein gemeinsames Gespräch. Auch hier bleibt es bei der gegenseitigen Schuldzuweisung. Dennoch gebe ich die Hoffnung noch nicht auf, herausbekommen zu können, ob nun Andreas oder Björn das Feuer entzündet hat. Darum recherchiere ich weiter, befrage Mitschüler, spreche mit den Eltern der beiden Jungen.

Nichts!

Die ganze Angelegenheit erzeugt zunehmend Frustration, aber auch Wut in mir. Es muss diesen 13-jährigen Jungen doch beizukommen sein.

Ich greife zu drastischen Mitteln, erzähle den Jungen von Achan (Josua 7) und Hananias und Saphira (Apostelgeschichte 5). In beiden Fällen hatte das Verbergen einer Straftat tödliche Folgen.

Der tiefen Schwärze meiner Pädagogik bin ich mir zu diesem Zeitpunkt bestenfalls ansatzweise bewusst.

In dem Ganzen steckt inzwischen eine Eigendynamik, die so weit geht, dass ich Andreas und Björn zwinge, vor mir und den drei ältesten Kollegen zu schwören, nicht der Brandstifter zu sein.

Ständig geht mir die Frage durch den Kopf, weshalb die Jungen das alles angesichts des eher geringen Schadens eigentlich geschehen lassen. Es bleibt mir unerklärlich, was hier vor sich geht. Nicht einmal die Zusicherung von Straffreiheit bewegt einen der Jungen zu einem Geständnis. So etwas habe ich noch nie erlebt.

Die Worte von Herrn Sabowski kommen mir in den Sinn: „Jetzt sind Sie dran", hat er gesagt. Da war ich noch sehr zuversichtlich, ihm sehr bald den Namen des Täters nennen zu können. Von dieser Zuversicht bin ich nun weit entfernt. Mein eigenes Verhalten erscheint mir mehr und mehr unangemessen. Ganz und gar nicht mag ich Herrn Sabowski eingestehen, dass ich nicht mehr erreicht habe als er.

Ich wünsche mir, ich könnte noch einmal von vorne anfangen. Es geht mir doch darum, dass Andreas und Björn und mit ihnen die anderen Schülerinnen und Schüler etwas Wichtiges lernen, nämlich, dass es möglich ist, schwere Fehler zu machen, dafür einzustehen und dennoch weiterhin geachtet, ja, geliebt zu sein. Wie sehr wünsche ich mir, dass beide Jungen und alle, die von der Sache wissen, erfahren, dass Gott auch im 21. Jahrhundert noch aktiv ist. Aktiv, nicht um uns bloßzustellen und um uns endlich zu bestrafen; vielmehr um Licht in unsere Dunkelheit zu bringen, um Lüge durch Wahrheit zu ersetzen. Gott möchte dem Verstecken von Schuld und Sünde ein Ende machen und echte Freiheit schenken. Und so stelle ich meine Hoffnung auf Gottes Wirken auch in dieser Sache an das vorläufige Ende meiner Gespräche mit den Jungen.

Wochen vergehen. Monate. Der Alltag lässt die Erinnerung an das Feuer im Zug allmählich verblassen. Andreas und Björn beenden ihre Schullaufbahn. Nach ihrem Abschluss höre ich lange nichts von ihnen. Bis eines Tages das Telefon klingelt. Dieses Mal klingt es anders. Der Ton ist zwar auch durchdringend, geht auf direktem Weg durch den Gehörgang bis ins Herz, die Frequenz ist aber angenehm, regelrecht wohltuend. Darum nehme ich heute den Hörer gerne an mein Ohr und lausche staunend und tief bewegt den Worten der Person am anderen Ende der Leitung: „Herr Sieling, hier ist Björn. Erinnern Sie sich noch an die Sache mit dem Feuer im Zug? Ich will nur sagen: Das war ich damals."

Es folgt ein längeres Gespräch, über dessen Inhalt Björn und ich Stillschweigen vereinbart haben.

Dass wir beide froh über die Klärung sind und dankbar für einen Gott, der Vergebung gewährt, das darf allerdings durchaus am Ende dieser Geschichte erwähnt werden ...

„Jetzt habe ich es begriffen!"

Die Grundschüler lassen sich mit großem Eifer auf das neue Thema ein. Endlich nicht mehr nur „dazu und weniger" – oder wie die Großen sagen: „plus und minus" – rechnen. Jetzt kommt „geteilt".

Begeistert verteilen sie die leider nur als Wort an der Tafel vorhandenen zehn Bonbons gleichmäßig auf sich selbst und einen Freund. Auch die gemalten zwölf Kirschen und später die 16 Äpfel werden bald in der richtigen Menge den drei beziehungsweise vier Empfängern zugeordnet.

Schon bei diesen Zahlen zeigen Lydia und Kathrin deutliche Schwierigkeiten, das Ganze zu begreifen. Je größer die Zahlen werden, desto spürbarer ist die Not der beiden Mädchen. Sie wollen doch so gerne mitrechnen, können es aber nicht. Sollte ihnen tatsächlich ein Erfolgserlebnis in dieser Sache verwehrt bleiben?

Ich setze alles ein, was ich an didaktischem Geschick zu bieten habe. Mit einfachen Worten schreibe ich an die Tafel: „Geteilt bedeutet: Jede(r) bekommt gleich viel" sowie weitere Erklärungen, erzähle kleine Geschichten als Beispiel für die Teilbarkeit der Zahlen. Mit wenig künstlerischem Geschick male ich nach und nach eine ganze Obstauslage an die Tafel.

Nichts funktioniert.

Lydia und Kathrin können einfach nicht begreifen, wie das mit dem Teilen von Zahlen gehen soll.

Da habe ich nun jahrelang studiert. Habe mich mit der Lyrik des 17. Jahrhunderts beschäftigt und mit dem Literaturkurs in Klasse 12 die Darstellung von Großstadt im Roman „Berlin Alexanderplatz" erarbeitet. In Wirtschaft ging es unter anderem um das wirtschaftliche Prinzip, bisweilen habe ich mich da wie in einer Mathematik-Vorlesung gefühlt. Im Statistik-Seminar wimmelte es nur so vor Zahlen – kleinen und großen, mit und ohne Komma, in Tabellen oder gerne auch einmal in einem Säulendiagramm. Und nun muss ich beim Vermitteln einer grundlegenden Rechenoperation in Klasse 2 (!) mein Versagen eingestehen.

Es darf einfach nicht wahr sein. Von irgendwoher muss mir jetzt eine Idee kommen. Sie kennen sicherlich den Satz: „Jetzt hilft nur noch beten!" Ich stehe als junger Lehrer vor 30 erwartungsvollen Kindern und schaffe es nicht, diesen die Teilung von Zahlen bis 20 so zu erklären, dass es auch jeder versteht. Also, was soll es? Ich spreche ein stilles Gebet: *Gott, Vater im Himmel, gib mir bitte eine Idee.*

„*Lerntypen.*" Es ist nichts zu hören – und doch ist da eine Stimme in mir klar und deutlich zu vernehmen. Sie spricht nur dieses eine Wort: „*Lerntypen.*"

Langsam dämmert es mir. Da ist doch diese Sache mit den verschiedenen Lerntypen.

Sehen, hören und – ja, sicher – begreifen. Ist das die Rettung?

In der Klasse werden schon seit einiger Zeit die Verschlüsse von Milch- und Kakaoflaschen gesammelt. Für irgendeinen Zweck werden sie später einmal gebraucht. Jetzt werden sie mein Lehrmaterial.

Ich lege vier Verschlüsse vor Lydia und Kathrin auf den Tisch. Die sollen sie so untereinander aufteilen, dass jede gleich viele Verschlüsse hat. Zögerlich greifen die Mädchen nach den Verschlüssen. Die Zuteilung gelingt. Wir erhöhen die Anzahl der Deckel. Immer sicherer teilen die beiden Mädchen sie untereinander auf. Sie gewinnen sichtbar Freude an der Teilerei und beziehen erst eine, dann eine weitere Freundin in ihr nun erfolgreiches Rechenspiel ein.

Als die anderen Kinder schon in die Pause gehen, bleiben Lydia und Kathrin noch an ihrem Tisch bei den Verschlüssen sitzen. Ich gehe zu ihnen. Sie lächeln. Froh. Die vorher verkniffenen Gesichtszüge sind entspannt.

Eine sagt: „Jetzt habe ich es begriffen, Herr Sieling."

Ein wirklich bemerkenswertes Wort, dieses „Begreifen" im Zusammenhang mit dem Lernen.

Manchem reicht es eben nicht, etwas nur zu hören oder Bilder anzuschauen. Als ein Thomas hätte ich wissen können, dass es Menschen gibt, die die Dinge im Sinne des Wortes erst begreifen müssen, um sie zu verstehen.

Der sprichwörtliche ungläubige Thomas aus der Bibel (Johannes 20,19–29) jedenfalls darf als früher Vertreter des taktilen Lerntyps gelten. Trotz durchaus glaubwürdiger Berichte seiner Freunde wollte er nicht an die Auferstehung von Jesus glauben, bis er ihn selbst berührt hätte. Und Jesus kommt auch diesem Lerntyp entgegen. Er zeigt sich dem völlig überwältigten Thomas, der in diesem Moment die Erkenntnis gewinnt: *Jesus ist mein Herr und mein Gott!*

In Klasse 2 ging es für Lydia, Kathrin und mich nicht um Leben und Tod. Es ging nur um das Geteilt-Rechnen, um die Division. Aber dem großen Gott war unser Problem nicht zu klein, um uns mit einer göttlichen (engl.: *divine*; siehe Division!) Idee – den einfachen, aber erstaunlich effektiven Flaschenverschlüssen – zu helfen.

Dieses Erlebnis hat meine Arbeit als Lehrer sehr nachhaltig geprägt.

Laufen auf den Händen

Jasmin Ninnemann wurde ohne Beine geboren. Ohne Beine geboren. Das ist so hart und bedeutet massive Einschränkungen.

Oh, Gott! Warum?

Die Frage wird nicht von Jasmin oder ihrer Mutter an mich gerichtet. Sie ist nur in meinem Kopf vorhanden. Die Antwort muss ich schuldig bleiben. Ich kann diese Frage nicht beantworten.

Jasmin sitzt heute bei einem ersten Sondierungsgespräch in ihrem Rollstuhl vor mir, ihre Mutter auf einem Stuhl daneben. Mit sehnsüchtigem Blick schaut mich das Mädchen an. Es möchte so gerne eine normale Schule besuchen.

Sie soll nach der Grundschule eigentlich auf eine Förderschule für Körperbehinderte wechseln. Die Lehrer denken, dass es keinen anderen Weg für sie gibt.

Den Gedanken an eine „normale" Schule halten sie für einen ganz und gar unerfüllbaren Wunschtraum. Förderschule. Punktum. Nichts anderes ist denkbar.

Aber Jasmin ist eine Kämpferin. Sie will nicht auf die „Sonderschule". Sie will nicht anders sein. Jasmin möchte dazugehören.

Manche haben eine Brille, manche ein Hörgerät. Sie hat eben einen Rollstuhl!

Das Schulgebäude ist nicht rollstuhlgerecht gebaut? Na und? Das geht schon alles irgendwie.

Und außerdem kann Jasmin ja auch laufen.

Als sie das so ganz lässig sagt, bin ich total verblüfft. Das bemerkt sie, und ehe ich michs versehe, ist sie heraus aus ihrem Rollstuhl.

Und tatsächlich: Jasmin läuft in meinem Büro ein paar Schritte. Ihre Arme sind enorm stark und länger als ihr Rumpf. Sie kann auf ihren Händen laufen!

Meine Verblüffung schlägt in Bewunderung um.

Ob das Mädchen ahnt, dass sie mein Ja zur Aufnahme an unserer Schule in diesem Moment schon hat? Sie kann nicht wissen, dass man meinem Vater im November 1944, als er gerade einmal 17 Jahre alt war, sein rechtes Bein amputieren musste, um sein Leben zu retten. Ich habe auch ihn, seinen alltäglichen Kampf mit der Behinderung, seine Energie und Lebensfreude trotz aller Schmerzen und Einschränkungen vor Augen, als ich sage: „Jasmin, Frau Ninnemann, mit Gottes Hilfe versuchen wir das."

Die Kollegen der abgebenden Grundschule und auch der zuständige Sachbearbeiter im Schulamt und bei der Bezirksregierung erklären Jasmins Eltern und mich für völlig verrückt, geben aber schließlich doch grünes Licht für das Experiment.

Das ist wirklich kaum zu fassen.

Unser Schulgebäude ist zu diesem Zeitpunkt noch ein Containerbauwerk, es gibt keinen Aufzug, kein behindertengerechtes WC, selbst zum Schulhof müssen Treppenstufen überwunden werden.

Ich kann mir die Zustimmung der Ämter nur so erklären, dass Gott selbst die Herzen der entscheidenden Personen diesem Mädchen zugewandt hat, damit deren Herzenswunsch in Erfüllung gehen kann.

Und so ist bei der Einschulungsfeier vielleicht die glücklichste Person unter all den herumspringenden, zwischen bangen Befürchtungen und gespannter Vorfreude schwankenden Kindern ein kleines, schwer körperbehindertes Mädchen im Rollstuhl.

Drei Schuljahre lang – von 2001 bis 2004 – bin ich Jasmins Klassenlehrer.

Unvergesslich das Gesicht des Sportlehrers bei seinem mündlichen Bericht über die erste Sportstunde: „Ich sage den Kindern, dass sie sich erst mal ein paar Runden einlaufen sollen. Bin mit anderen Dingen beschäftigt. Da fällt mir Jasmin ein. Ich sehe hin, Rollstuhl leer. Wo ist sie? Da entdecke ich sie: In einer kleineren Mädchengruppe läuft Jasmin auf den Händen ihre Runden. Für sie und die Mitschüler gar kein Problem."

Es ist einfach großartig zu beobachten, wie die Jungen und Mädchen ohne jede Scheu das Mädchen als zugehörig in die Klassengemeinschaft aufnehmen.

Das Treppenstufenproblem lösen sie auf ihre ganz eigene, kreative Weise: „Ordnungsdienst haben ja alle Klassen. Wie langweilig! Wir haben einen Rolli-Dienst!"

Nie fehlen zupackende Hände, die Jasmin bei der Überwindung von Hindernissen helfen.

Für Jasmin und vielleicht noch mehr für ihre Eltern ist es offenbar so etwas wie ein freudiger Schock, als ich ihnen erkläre, dass Jasmin natürlich mit zur Klassenfahrt kommen müsse. Das hatte es in der Grundschule nicht gegeben. Nach allen bisherigen Erfahrungen halte ich das aber für durchaus machbar, und die Eltern schenken mir und meinen Begleitern ihr Vertrauen, dass wir Jasmin auch wieder heil nach Hause zurückzubringen. Sie selbst freut sich riesig auf das große Abenteuer.

Nun gehört zu einer richtigen Klassenfahrt natürlich unbedingt ein rasantes Geländespiel. Die Phase, in der jegliche Bewegung als üble Zumutung empfunden wird, folgt glücklicherweise erst ein wenig später. In Klasse 6 löst die Ankündigung des Vorhabens doch durchaus mehrheitlich noch einen erfreulichen Anstieg des Glückshormonpegels aus.

Meine Bedenken, die Gruppe mit dem Rolli könne sich benachteiligt fühlen, werden schnell zerstreut. Wo es mit Rollstuhl und auf den eigenen Händen nicht weitergeht, wird Jasmin eben getragen. Ihr fröhliches Wesen und ihre Bereitschaft, alles auszuprobieren, ist für alle, die mit ihr zu tun haben, eine große Hilfe. Die ganze Aktion ist ein voller Erfolg. Was Jungen und Mädchen in dieser Zeit über das Miteinander von Menschen mit und ohne Behinderung gelernt haben, das ist Lebensschule vom Allerfeinsten.

In den drei Jahren, in denen ich Jasmins Klassenlehrer und Schulleiter sein darf, bereue ich die Aufnahme dieses Kindes an unserer Schule keinen Augenblick.

Jasmin ist für das soziale Miteinander eine große Bereicherung. Für die Bereitschaft meiner Kolleginnen und Kollegen, sich ohne Vorkenntnisse und ohne bauliche Voraussetzungen auf das Wagnis einzulassen, bin ich von Herzen dankbar. Ich bin glücklich, dass ich Jasmin 2004 den hervorragenden Händen meines Namensvetters Thomas Wink als Klassenlehrer übergeben kann. Der darf dann die Freude erleben, Jasmin im Sommer 2007 das Abschlusszeugnis der Georg-Müller-Gesamtschule in Wetter an der Ruhr zu überreichen.

Meine ganz besondere Hoffnung, Vorfreude und Sehnsucht im Zusammenhang mit Jasmin gründet auf dem Bibeltext aus Offenbarung 21,4. Was dort steht, liebe, kleine, tapfere Jasmin, lese ich so: Keine Prothese, kein Rollstuhl, keine Schmerzen. Ein himmlisches Wettrennen mit meinem Papa, mit dir und all den anderen auf zwei gesunden Beinen.

Gott sei Dank!

Medikamente? – Nein, danke!

Es ist 9:30 Uhr. Die große Pause hat begonnen. Im Sekretariat bespreche ich etwas mit Frau Schmidt. Da fliegt die Tür schwungvoll weit auf. Durcheinanderredend und gestikulierend stürzen einige Schüler der Klasse H7 herein.

„Der Martin will wieder nicht ...!"

„Aber der muss doch ..."

„Der Martin hört einfach nicht auf uns. Sie müssen unbedingt ...!"

Um was geht es hier eigentlich?

Martin ist ein Junge mit ADS. Diese drei Buchstaben stehen für das Wort Aufmerksamkeitsdefizitsyndrom. Das heißt: Martin hat Schwierigkeiten, die von außen auf ihn einströmenden Reize zu filtern und sich über längere Zeit auf eine Sache zu konzentrieren. Das ist schon schwierig genug, wenn es gilt, in der

Schule erfolgreich mitzuarbeiten. Bei Martin kommt aber noch etwas anderes massiv erschwerend hinzu: Die Beziehung zwischen Martin und seinem Vater ist problematisch. Der Junge hat daher eine Methode entwickelt, seiner erschreckenden und verunsichernden familiären Wirklichkeit durch Tagträumerei zu entfliehen. In solchen Phasen ist der Junge nur körperlich im Klassenraum anwesend. ADS und seine gedanklichen Reisen aus der Wirklichkeit führen zusammen zu einer auffälligen Diskrepanz zwischen seiner intellektuellen Leistungsfähigkeit und seinem schulischen Erfolg.

Martin leidet unter der Situation und spricht auch mit mir über seinen Wunsch nach Veränderung. Immer wieder kommt dabei seine Sehnsucht nach einer normalen Vater-Sohn-Beziehung zum Ausdruck. Er hat das starke Gefühl, vom Vater nicht um seiner selbst willen akzeptiert zu sein. Väterliches Interesse an ihm, einfach weil er der Sohn ist, vermisst er schon sehr lange.

Die durchaus gut gemeinten Bemühungen seiner Mutter, Martin ärztlich und psychologisch helfen zu lassen, sind bisher nicht über die Verabreichung eines einschlägig in der ADS-Behandlung bekannten Medikaments hinausgekommen.

Weil der Junge im häuslichen Umfeld die Einnahme des Medikaments immer wieder versäumt oder auch verweigert, hat die Mutter um unsere Unterstützung gebeten. Martin soll täglich in der ersten großen Pause im Sanitätsraum, der nur vom Sekretariat aus zugänglich ist, seine Medikamente erhalten. Das soll zum einen ihm selbst helfen, aber auch dazu beitragen, die gelegentlichen Ausbrüche aggressiven Verhaltens seinen Mitschülern gegenüber zu verhindern. Die Mitschüler, die Lehrer und natürlich auch die Sekretärinnen sind über die Vereinbarung informiert.

Und heute nun Großalarm. Martin-Alarm. Alle Bemühungen seiner Mitschüler, ihn zur Einnahme der Medikamente zu bewegen, waren erfolglos. Nichts und niemand konnte ihn dazu bringen, zum Sanitätsraum zu gehen. Das konnten die Freunde in ihrer aufrichtigen Sorge um Martin so nicht hinnehmen. Und so machten sie sich schleunigst auf den Weg, um Hilfe zu suchen.

Nach einer ersten Beruhigung der Situation und nachdem ich begriffen habe, was die Jungen eigentlich wollen, danke ich ihnen für ihre Fürsorge und mache mich auf die Suche nach Martin.

In seiner „Lasst mich einfach alle in Ruhe!"-Rückzugsecke unter einem Treppenabsatz finde ich ihn. Es ist kein fröhliches Wiedersehen. Da hockt in dieser dunklen Ecke ein so liebenswerter Junge in unsäglichem Jammer, von aller Welt abgewandt. Ein elender Anblick.

Es dauert eine Zeit, bis ich Martin dazu bringen kann, sich mir zuzuwenden. Und noch etwas mehr Zeit braucht er, bis er bereit ist, in meinem Büro über die Sache zu reden.

Es ist gut, dass die Pause inzwischen vorbei ist. So muss Martin nicht auch noch die Blicke und Kommentare seiner Mitschüler auf dem Weg in mein Büro fürchten.

Der Junge wirkt jetzt äußerlich ruhig, eine starke innere Anspannung ist aber deutlich erkennbar.

Auf meine Frage hin, warum er das Medikament denn nicht nehmen wolle, bricht diese offenbar jahrelang aufgestaute Anspannung aus ihm heraus. Nur ein Satz: „Ich brauche kein Sch...-Medikament, ich brauche meinen Papa!"

Dieser Zwölfjährige bringt es auf den Punkt. Martin hat intuitiv erfasst, worin sein wirklicher Mangel besteht. Und vermutlich ohne es zu ahnen, liefert er mit seiner Aussage eine leider nur zu richtige Analyse eines immer verheerender wirkenden gesellschaftlichen Schadens. In der Schule in Wetter an der Ruhr, in Gummersbach oder auch im Jugendgefängnis in Iserlohn, das ich regelmäßig mit einer Gruppe anderer Christen besuche – überall und immer wieder begegnet mir diese oft fast schon verzweifelte, tiefe Sehnsucht nach dem Vater.

Dem Vater, der da ist, der liebt, der sich kümmert.

Martins Worte haben sich tief in meinen Gedanken und in meinem Herzen verankert. Mehr denn je brauchen Deutschlands Kinder Väter, die sich ihrer Bedeutung für die gesunde Entwicklung ihrer Söhne und Töchter bewusst sind. Väter, die sich am Vaterbild Gottes, wie es in der Bibel beschrieben wird, orientieren und ihren Kindern so einen sicheren Weg in ein gelingendes Leben weisen.

Martin ist mir dafür dauerhaft Mahnung und Ansporn zugleich. Danke dafür, mein Junge.

Heute absolviert Martin einen Freiwilligendienst bei der Bundeswehr. Wie ich denke, auch um dem Vater zu beweisen, dass er ein harter Kerl ist. Mit dem Praxisjahr im Kindergarten, bei dem Martin sich sehr wohlgefühlt hat, war der offenbar nicht zu beeindrucken. Martins weitere berufliche Zukunft ist leider noch ungeklärt.

*

Seht, welch eine Liebe uns der Vater gegeben hat, dass wir Kinder Gottes heißen sollen!
1. Johannes 3,1

Petra kommt nicht

Die Informationsabende für die neue Klasse 5 sind gut besucht. Auch am Tag der offenen Tür ist das Interesse der sehr zahlreich erscheinenden Besucher groß.

Es sieht ganz so aus, als könnten auch im neuen Schuljahr gar nicht alle Kinder, die bei uns angemeldet werden, einen Schulplatz bekommen.

Ich führe Gespräche mit Eltern und deren Kindern, höre von glücklichen und unglücklichen Zeiten in der Grundschule.

Die Eltern wollen die richtige Entscheidung für die weitere Schullaufbahn ihrer Kinder treffen.

Manche bitten um einen guten Rat, andere haben sich schon entschieden und machen die Aufnahme ihres Kindes sehr dringend.

Als Schulleiter freue ich mich natürlich sehr darüber, dass unser Angebot gefragt ist. Ich sehe aber auch schon die überaus schwierige Aufgabe der Auswahl vor mir.

Wie gut, dass auch für mich gilt: „Wenn aber jemand von euch Weisheit mangelt, so bitte er Gott, der allen willig gibt" (Jakobus 1,5).

Es ist die vielleicht mühevollste Arbeit im Schuljahr, zu entscheiden, ob wir ein Kind aufnehmen oder nicht. Fast unerträglich wird es, wenn ich den Eindruck habe, ein Schüler wäre bei uns gut aufgehoben, und ich dennoch keine Möglichkeit habe, ihm ein schulisches Zuhause zu bieten.

Mir graut immer wieder vor diesen Entscheidungen. Nur das Vertrauen darauf, dass Gott mich vor dramatischen Fehlentscheidungen bewahren wird, hält mich bei dieser Aufgabe aufrecht.

Das Unvermeidliche lässt sich auch in diesem Schuljahr nicht länger aufschieben. Die Tage der Entscheidung sind da. Grübelnd sitze ich über den Namenslisten, habe Bilder und Notizen zu den einzelnen Kindern vor mir, schiebe Unterlagen nach rechts, hole wieder herbei, treffe eine Entscheidung und verwerfe diese umgehend wieder.

Das Telefon klingelt. Die Eltern von Petra möchten unbedingt noch einmal mit mir sprechen. Es sei da etwas bei der Auswahl zu berücksichtigen, was bei unseren bisherigen Begegnungen noch nicht zur Sprache gekommen sei. Sie wünschen so sehr ein persönliches Gespräch, dass ich trotz der stressigen Situation für den nächsten Tag ein paar Minuten dafür freischaufele.

Die Eltern wirken bedrückt, als sie mein Büro betreten. Dann berichten sie von einem Herzproblem bei

Petra. Noch sei nicht geklärt, wie schwerwiegend die Sache ist. Es stünden noch weitere Untersuchungen an. Es fällt Vater und Mutter deutlich schwer, mir mitzuteilen, dass es eventuell auch sehr ernst sein könnte.

Vor meinem inneren Auge werden die Erinnerungen an die Gesichter meiner eigenen Eltern lebendig, als bei mir im Alter von 14 Jahren eine Herzkatheteruntersuchung durchgeführt werden musste. Der Verdacht auf ein Loch in der Herzwand konnte damals glücklicherweise ausgeräumt werden. Mit einem kurzen Bericht über meine damaligen Erfahrungen versuche ich, den Eltern ein bisschen Mut zu machen. Ihre Mienen hellen sich noch weiter auf, als ich ihnen verspreche, ihre sehr dringende Bitte, Petra doch aufzunehmen, wohlwollend zu prüfen. So verabschieden wir uns.

Petra bekommt den Schulplatz.

Im Mai nimmt sie am Kennenlernnachmittag ihrer neuen Klasse teil. Es geht ihr verhältnismäßig gut, sie freut sich auf die Sommerferien und auch auf den Start bei uns.

Auch ihre Eltern äußern sich verhalten optimistisch. Stand der Dinge in Sachen „Herz" sei, dass in nächster Zukunft noch keine große Operation erforderlich ist. Man müsse jetzt beobachten und Petra vor übermäßiger körperlicher Belastung schützen.

Ich wünsche noch eine gute restliche Zeit in der Grundschule und verabschiede mich bis zum Wiedersehen bei der Einschulungsfeier.

Die Wochen vergehen. Es kommt der Tag der Einschulung. Nach den Instrumentalstücken, den Reden und dem Willkommenslied der Großen aus Klasse 6 rufe ich endlich die Kinder in alphabetischer Reihenfolge zu ihrem neuen Klassenlehrer auf die Bühne.

Seinem Wesen entsprechend eher zaghaft oder auch betont forsch kommt ein Kind nach dem anderen, begleitet von aufmunterndem Beifall der Eltern und sonstiger Gäste, nach vorne.

„Als Nächste kommt bitte Petra", sage ich und blicke suchend im Saal herum. Bei einigen Eltern sorgen meine Worte augenblicklich für so etwas wie Schockstarre. Es wird seltsam still im Saal. Ich registriere Bestürzung, Fassungslosigkeit und auch völliges Unverständnis.

Keine Ahnung, was da los ist. Jedenfalls kommt Petra nicht nach vorne, und darum wiederhole ich noch einmal laut und deutlich ihren Namen. Bitte sie darum, jetzt zu uns auf die Bühne zu kommen.

Mit einem bewundernswerten Höchstmaß an Taktgefühl greift jetzt – Gott sei Dank dafür – eine andere Mutter ein. Sie habe zu Petra eine wichtige Information, müsse mir diese aber unter vier Augen mitteilen. Sie sagt das so, dass mir völlig klar ist, dass ich jetzt nur noch ganz schnell das Programm zum Abschluss bringen sollte, um die neuen Fünftklässler zu ihrer ersten Unterrichtsstunde mit dem neuen Klassenlehrer entlassen zu können. So geschieht es auch.

In meinem Büro erhalte ich in den folgenden Minuten die Information, dass Petra in den Sommerferien an den Folgen ihrer Herzprobleme verstorben ist.

Mir kommt das ganz und gar unpassend, einfach nicht in Ordnung vor. In meinem Schock des Augenblicks sind es tatsächlich solche und ähnliche Banalitäten, die mir durch den Kopf gehen. Ein elfjähriges Mädchen stirbt doch nicht wegen Herzproblemen. Ich kann und will auch gar nicht verstehen, was da passiert ist. Ich bin an der Grenze des für mich Erträglichen. Eher noch ein Stück darüber hinaus. Es dauert eine längere Zeit, bis ich die innere Balance wiederfinde.

Mir bleibt es nicht erspart, den versammelten Eltern in die Freude der Einschulung ihrer Kinder hinein diese traurige Information mitzuteilen. Alle, die wie ich noch nichts von dem Todesfall wussten, sind tief betroffen.

Viele, viele Fragen wirft so ein Ereignis auf.

Der Sinn des Lebens, seine Zerbrechlichkeit, der Glaube an das ewige Leben als Hoffnung der Christen und auch die Frage, wie Gott so etwas denn zulassen kann, sind einige der Themen, die an diesem denkwürdigen Einschulungstag in kleinen Gruppen besprochen werden.

Ich selbst suche immer wieder die Ruhe meines Büros, bitte Gott dort, mir passende Worte für die Verabschiedung der Eltern zu geben. Mir kommt die Begebenheit in den Sinn, in der Jesus ein Mädchen aus dem Tod wieder zum Leben erweckt (Markus 5,22 ff.). Jesus ist der Herr allen Lebens, ja, er ist das Leben selbst (vgl. Johannes 14,6).

Was Jesus damals tat, das kann er in ähnlicher Weise auch wieder tun. Und er wird das zu seiner Zeit auch wieder tun – für alle, die ihm vertrauen. Jesus, das Leben, hat Schmerz, Trauer und sogar den Tod freiwillig auf sich genommen. So hat das Leben den Tod besiegt.

Er tat das, damit für das namenlose Mädchen in der biblischen Geschichte und für Petra und auch für Sie und mich der Tod nicht das letzte Wort haben muss.

Mir geben diese Gedanken bei aller Trauer einen gewissen Trost. Sogar die Hoffnung auf ein Wiedersehen findet hier ihren Platz.

Darum gebe ich diese Gedanken an die Eltern der neuen Fünftklässler weiter und gewinne dabei den Eindruck, dass Gott Trost und Hoffnung auch auf die Gemüter meiner Zuhörer legt. Dafür bin ich an diesem unvergesslichen Einschulungstag von Herzen dankbar.

Später erfahre ich dann, dass auch Petras Eltern Kraft für die Verarbeitung ihres schmerzlichen Verlustes aus dem Glauben an die Auferstehung schöpfen. Ihnen und allen Eltern, die jemals eines ihrer Kinder beerdigen mussten, wünsche ich Kraft, um die dunklen Tage zu überstehen, und Hoffnung auf dem Fundament der Jesus-Worte: „Lasst die Kinder zu mir kommen! […] Denn solchen gehört das Reich Gottes" (Markus 10,14).

Seltsamer Segen

Segen. – Bei diesem Wort denke ich spontan an das alljährliche „Urbi et orbi" des Papstes. Zugegeben, ein klitzekleiner Gedanke geht dabei auch an die Variante von Hape Kerkeling. Auch der Jugendliche, der am Ende des Gottesdienstes seinen schwatzhaften Kumpel ermahnt: „Kappe ab, Klappe zu! Jetzt kommt der Segen!" geht mir durch den Kopf. Und natürlich ist mir vollinhaltlich bewusst, dass nach wie vor gilt: „An Gottes Segen ist alles gelegen." Aber – und dieses Aber ist bedeutungsschwer – was ich vor ein paar Tagen als Gesegneter erlebt habe, das stellt für mich doch eindeutig die Krönung meiner Segenserfahrungen dar.

Wenn ich mir jetzt das Gesicht meiner 79 Jahre alten Mutter auf meinen inneren Bildschirm hole, dann habe ich Hoffnung. Hoffnung für Sie, liebe Leserin, lieber Leser. Als ich ihr die Geschichte erzählt habe, hat sie so herzerfrischend gelacht. Für ein paar Augenblicke war die Einsamkeit des Witwenstandes, die Schwäche des Alters, die bange Frage nach der Zukunft vergessen. Und darum hoffe ich, die Geschichte mit Gottes Hilfe so aufschreiben zu können, dass Sie einige Momente der Fröhlichkeit erleben werden.

Nun, denn ...

*

Es ist Mittwoch, der 16. Mai 2012. Die sechste und damit letzte Unterrichtsstunde des Tages läuft. Politik in Klasse H5. Vor Schülern und Lehrern liegt ein langes Wochenende, denn dem Feiertag Christi Himmelfahrt folgt ein beweglicher Ferientag, dem folgt ein Samstag und vollkommen wird das Ganze durch den Sonntag. Vier schulfreie Tage. Kleine Ferien zwischendurch.

Solche Aussichten erweisen sich indes als wenig förderlich für die Lernleistungsbereitschaft aller im Raum Anwesenden. Das Thema „Landtagswahl in NRW" entfaltet ganz offenbar auch nicht die von mir erhoffte Wirkung auf die Schülerschaft. Und selbst bei mir lässt die Konzentration auf die Bedeutung von Erst- und Zweitstimme, Fünf-Prozent-Hürde, Direktmandate und Listenplätze langsam nach. Der Blick auf die Uhr sowie der zunehmende Bewegungsdrang und das gesteigerte Mitteilungsbedürfnis meiner Kids machen eins unmissverständlich klar: Die letzten zehn Minuten muss ich irgendwie noch über die Bühne bringen.

Ich greife (gar nicht allzu tief) in die didaktische Trickkiste und hebe heraus, was in dieser Klasse immer hilft: das Wissens-Quiz. Alle stehen auf, dürfen ein bisschen herumzappeln, um so den Kreislauf wieder in Schwung zu bringen. Dann geht es mit dem Quiz los. Ich stelle eine erste Frage wie zum Beispiel: „An welchem Fluss liegt Köln?" Wer die Antwort weiß, zeigt auf. In-die-Klasse-Rufen wird mit sofortiger Disqualifikation geahndet. Wenn jemand die richtige Antwort sagen kann, erhält er einen Punkt und darf bei der nächsten Frage bestimmen, wer antworten darf. Wer zuerst drei Punkte gesammelt hat, ist der Gewinner.

Sehr einfach, sehr effektiv, wenn es darum geht, die Aufmerksamkeit der Schüler zu bekommen.

Ich höre Sie schon sagen: „Bisher ist dieser Geschichte ja noch kein wirklicher Ansatz von Heiterkeit erkennbar." Das stimmt. Völlig richtig. Aber ich muss die Pointe ja auch ein wenig vorbereiten. Nur ein bisschen Geduld. Fünf Minuten noch.

Nein, nicht fünf Minuten Geduld. Die Stunde dauert ja nur noch fünf Minuten.

Doch diese 300 Sekunden sind lang. Zu lang. Viel zu lang für Micha. Er ist nämlich in Not. In höchster Not. Gewissermaßen Oberkante Unterlippe.

So kurz vor Ende der Stunde lässt ein Lehrer doch keinen mehr zur Toilette gehen. – Die eiserne Schulregel. WC nur in der Pause. Einzige Ausnahme ist ein echter Notfall. Diese und ähnliche Gedanken quälen den Jungen wohl. Doch ihm bleibt keine Wahl. Die Verzweiflung in seinen Augen und das mühsam zwischen den Lippen hindurchgedrückte „Toilette ... bitte!!!" machen mir klar, dass hier ein echter Notfall vorliegt. Darum nehme ich jetzt die Ausnahme von der Regel in Anspruch und gestatte Micha den so dringend notwendigen Gang.

Nur wenige Minuten vor dem Schlussgong erscheint (Das Wort „erscheint" wähle ich bewusst, weil es das Aussehen des Schülers besser beschreibt als das gebräuchlichere Wort „kommt"!) Micha wieder im Klassenraum. Wüsste ich es nicht besser, ich würde annehmen, er hätte in den letzten Minuten eine transzendente Erfahrung gemacht. Er strahlt mit seinem ganzen Sein Erlösung aus. Die krampfartig verzerrte Gesichtsmuskulatur ist nun tiefenentspannt. Kurz gesagt: Das Glück trägt einen Namen: Micha.

Wenig später kommt jedoch ein weiterer Name dazu. Meiner.

Was für ein großes Glück ist es doch, an dieser Schule in diesen Minuten Lehrer dieses Jungen sein zu dürfen. Als alle Kinder schon gegangen sind, kommt Micha zu mir. Er schaut mich mit dankbarem Blick an, reicht mir die Hand und sagt dann: „Gott segne Sie, Herr Sieling. Gott segne Sie dafür, dass Sie mir erlaubt haben, zur Toilette zu gehen."

Weil ich spüre, wie ernst dem Jungen das Ganze ist, verkneife ich mir das, was Sie vermutlich jetzt tun. Ich lache nicht.

Wir verabschieden uns, wünschen einander schöne freie Tage und dann läuft Micha schnell hinter seinen Mitschülern her zum Bus.

Als ich sicher bin, dass er mich nicht mehr hört, ist es mit meiner seriösen Haltung vorbei. Ich pruste los und lache meine Freude über die einzigartige Segnung eines erlaubten Toilettengangs heraus. Ein elfjähriger Junge spricht mir Gottes Segen zu, weil ich ihn zur Toilette gehen ließ. Das werde ich ganz sicher nicht vergessen. Und mein lieber Micha hat mit seinen Worten dafür gesorgt, dass sich bei mir kein Junge und kein Mädchen mehr irgendwelche Sorgen um meine Hilfe in der Not machen muss – egal, zu welcher Zeit.

Der köstliche Duft der Dankbarkeit

Wie riecht Dankbarkeit für Sie? Bitte ganz spontan antworten. Ohne lange zu überlegen. Welchen Geruch verbinden Sie mit Dankbarkeit?

Für meine Frau ist es Lavendel.

Für mich geräucherte Forelle.

Wenn Sie sich jetzt zweifelnd, vielleicht sogar naserümpfend fragen, wie es denn bitteschön möglich sein soll, dass zwei Menschen mit derart unterschiedlicher Wahrnehmung dessen, was dem Riechorgan schmeichelt, 25 Jahre lang weit überwiegend glücklich verheiratet sein können, so kann ich Sie beruhigen. Bis zu dem Ereignis, das dieser Geschichte zugrunde liegt, hätte meine Antwort nämlich „Milchreis mit Zimt und Zucker" gelautet. Lavendel und Zimt – eine nasale Offenbarung geradezu. Das soll an dieser Stelle aber auch als Hinweis zur Beantwortung

Ihrer zweifelnden Fragen zum Stand unserer Ehe genügen.

Kommen wir zu unserer – sagen wir „muffeligen" – Geschichte:

*

Es ist April 2008. Oder doch eher März 2009? Ist aber eigentlich auch egal, oder?! Jedenfalls, eines Tages komme ich in der ersten großen Pause ins Lehrerzimmer. Ich nehme die üblichen Düfte wahr, die für diesen Raum typisch sind: Referendarschweiß, der in dem bevorstehenden Unterrichtsbesuch begründet ist, liegen gebliebenes Leberwurstbrot vom Vortag, Salbeitee von Frau Masch, deren Stimmbänder angegriffen sind, und natürlich Kaffee, jede Menge Kaffee.

All das und noch viel mehr sind langjährige, durchaus vertraute, aber nicht durchweg lieb gewordene Gerüche unseres Lehrerzimmers.

Das aber, was an diesem Morgen über die Rezeptoren meines Riechorgans in die zuständigen Hirnregionen meines Wahrnehmungsapparates dringt, ist neu. Definitiv!

Nicht der Geruch an sich. Der ist bekannt und darum auch schnell identifiziert.

Aber die Kombination von Geruch und Ort ist absolut neu. So noch nie da gewesen und darum auch nur schwer dingfest zu machen. Was ist das?!

Die Situation hat etwas von Zahnarztpraxis in der Döner-Bude oder von Frühlingswiese in der Männerumkleide. Vor (!) dem Duschen. Es passt einfach schlicht und ergreifend nicht. Gar nicht. Hier hat etwas zueinandergefunden, was nicht zueinandergehört.

Nun muss ich allerdings vielleicht eines klarstellen: Zahnarzt in der Döner-Bude. Das finde ich schlimm. Übel. Total daneben. So etwas wäre ein ernst zu nehmender Angriff auf mein Wohlbefinden.

Das ist bei dem, was da im Lehrerzimmer meinen Geruchssinn herausfordert, nicht so. Die Verbindung ist zwar, wie gesagt, neu, ungewohnt, aber nicht direkt unangenehm.

Zunächst gilt es nun, Witterung aufzunehmen. Wo kommt dieser Geruch her?

Glücklicherweise bin ich nicht der einzige menschliche Spürhund im Raum. Es ist schließlich Pause, und so werde ich Zeuge verschiedenster Reaktionen der auf der Bild- beziehungsweise in diesem Fall eher Riechfläche erscheinenden Kolleginnen und Kollegen.

Vermutlich aufgrund spezifischer genetischer, hormoneller oder sonstiger Faktoren entwickeln einzelne Kolleginnen einen besonders ausgeprägten Ehrgeiz, die Quelle unserer nasalen Irritation zu identifizieren. Es ist dann auch keine übermäßig große Überraschung, dass es die junge Frau Neufurth ist, die das Rätsel löst.

Während wir Männer noch schnüffelnd, jedoch ohne echte Zielorientierung, umhertappen, befördert Frau Neufurth aus ihrem offenen Postfach etwas in Zeitungspapier Verpacktes auf den großen Tisch.

Eine Mischung aus „Ich habe es gefunden!"-Triumph und „Iiiih, was ist da denn drin?"-Ekel beschreibt ihren Gesichtsausdruck in diesem Moment durchaus anschaulich und vor allem treffend.

Es folgt die nächste Nicht-Überraschung: Die Neugier, zu erfahren, was sich hinter der Verpackung verbirgt, ist, den Naturgesetzen gehorsam folgend, viel stärker als jeglicher „Nicht da drangehen!"-Ekel.

Mit vorsichtigen, spitzen Fingern entfernt Kollegin Neufurth die erste Papierlage.

Es ist nicht zu übersehen und sogar in mindestens einem Fall auch nicht zu überhören, dass schon zu diesem frühen Zeitpunkt der Enthüllung, das anfängliche Unbehagen „Was riecht denn hier so?!" einer anderen, wohligeren Empfindung Platz machen muss. Der immer intensiver werdende Geruch löst nicht beherrschbare körperliche Reflexe aus: Fast allen läuft das Wasser im Munde zusammen.

Nach einer weiteren Lage Zeitungspapier wird – zwar noch von Klarsichtfolie umgeben –, der Grund für den bemerkenswerten körperlichen Reflex erkennbar: eine geräucherte Forelle.

Auf dieses Fundstück können wir uns keinen Reim machen. Jede und jeder erkennt natürlich, was da auf dem Tisch liegt.

Der Fisch sieht sehr appetitlich aus und riecht auch so. Auf einem Teller, nett dekoriert, in einem Restaurant – vorzüglich. Aber im Lehrerzimmer? Eingepackt in Zeitungspapier? Abgelegt im offenen Postfach einer Kollegin? Was, bitte, ist das denn?

In unsere fragenden Blicke und unausgesprochenen Fragen hinein klopft es an der Tür. Ein bisschen unwillig wegen der noch mehr als sonst unwillkommenen Störung der Pause öffnet schließlich doch jemand.

In der Tür steht der 14-jährige Maxim, und er hat schlagartig die volle Aufmerksamkeit aller Anwesenden, als er an Frau Neufurth gerichtet fragt: „Haben Sie heute schon in ihr Postfach gesehen?"

Die reagiert schlagfertig – ganz die Ahnungslose – und erwidert: „Ja, warum denn?"

„Ach, äh, eigentlich nur so, äh ..." Der Versuch, ebenso unschuldig zu wirken, ist zum Scheitern verurteilt. Das merkt auch Maxim und lässt sich nicht lange bitten, hereinzukommen und eine Erklärung zu liefern.

„Ich bin doch in Mathe nicht so gut. Na, also ehrlich: Ich raffe in Mathe nichts. Und auch sonst bin ich ja nicht immer so toll. Mit Dumme-Sachen-machen und so. Aber Frau Neufurth gibt einfach nicht auf.

Die erklärt mir alles immer noch einmal und noch einmal. Das macht sie manchmal sogar in ihrer Freizeit. Wenn ich dann doch mal wenigstens 'ne Vier schaffe, dann freut die sich darüber mehr als ich. Und da wollte ich ihr jetzt auch mal was Gutes tun. Die Forelle habe ich gestern selbst geangelt. Mein Papa hat mir dann beim Räuchern geholfen. So eine Forelle ist etwas ganz Edles. Damit will ich Danke sagen. Das ist schon alles."

Maxim sorgt mit seiner Tat und mit seinen Worten für einen ganz besonderen – einen kostbaren – Moment im Leben seiner Lehrerinnen und Lehrer. Deren Tätigkeit ist in der Regel eine Saatarbeit. Sie legen unter Mühen den Grund dafür, dass eines Tages eine

Ernte eingebracht werden kann. Doch leider sind sie selbst nur selten diejenigen, die die Ernte auch genießen dürfen.

Ein ausdrücklicher Dank im laufenden Unterrichtsbetrieb hat etwas vom Fund eines Diamanten in einer Kohlegrube. Entsprechend berührt sind wir alle an diesem Morgen in unserem Lehrerzimmer. Was sollen wir nun sagen?

Aber auch da hilft uns unser dankbarer Schüler aus der Verlegenheit. „Ich will natürlich jetzt auch wissen, ob er Ihnen schmeckt", durchbricht er die Stille, bevor sie peinlich wird. Und so kommen wir, weil unsere Kollegin freigebig ist, zu einer ganz speziellen Köstlichkeit im Schulalltag.

Später, allein in meinem Büro, hänge ich noch ein wenig meinen Gedanken zur Forelle und dem Geruch der Dankbarkeit nach.

Ein hilfsbedürftiger Schüler trifft auf eine hilfsbereite Lehrerin. Der Schüler empfindet Dankbarkeit. Er versteckt seine Empfindung nicht. Er findet dafür einen genau zu ihm passenden, angemessenen Ausdruck.

Der Geruch seiner Dankbarkeit erreicht das Herz der Lehrerin, erfüllt einen ganzen Raum – länger als nur einen Schultag lang – und schmeckt schließlich allen, die ihn wahrgenommen haben, wunderbar.

Ist das nicht ähnlich wie bei der Frau, die Jesus mit edlem, sehr teurem Salböl dankte?

Wie bedeutsam war doch dieser Dank für Jesus. Er sagte dazu: „Wo das Evangelium gepredigt werden wird in der ganzen Welt, wird auch von dem, was sie getan hat, geredet werden zu ihrem Gedächtnis" (Markus 14,9).

Ich denke auch an Paulus. Immer wieder bringt der in seinen Briefen seine Dankbarkeit Gott gegenüber zum Ausdruck: „Ich danke Gott durch Jesus Christus, unseren Herrn" (Römer 7,25); „... darum danken auch wir Gott unablässig ..." (1. Thessalonicher 2,13).

Besonders beschäftigt mich in diesem Zusammenhang allerdings seine Aufforderung im Brief an die Kolosser. Dort ruft er dazu auf, sich Dankbarkeit als eine Lebenseinstellung zu eigen zu machen: „Der Friede des Christus regiere in euren Herzen ... Und seid dankbar!" (Kolosser 3,15).

Mir fällt das nicht so leicht. Schließlich gehöre auch ich zu den Deutschen, die von Fremden – leider wohl nicht ganz zu Unrecht – als Menschen gesehen werden, die dauernd auf hohem Niveau klagen.

Damit soll es, was mich angeht, vorbei sein. Ich möchte dankbar werden. Und meinen Dank auch zeigen. Meinen Dank für kaltes und warmes Wasser, für Honig und alten Gouda, für zwei gesunde Beine, für die Kassiererin bei Aldi, die auch gerne etwas langsamer sein darf, für meinen Motorroller, für meine Großeltern, für meine Eltern, meinen Bruder, meine Schwägerin (ohne euch wäre ich nie Lehrer geworden, Pfingsten neunzehnhundertwievielachtzig?!) für Regina, für Jakob, Josua und Paula, für meine Kolleginnen und Kollegen, für die freundlichen Menschen, die meine Geschichten als Buch herausbringen, und die nicht weniger freundlichen Menschen, die diese Geschichten lesen, und für – ist doch wohl sonnenklar –

meine großartigen Schülerinnen und Schüler, ohne die
es meine Geschichten doch gar nicht gäbe.

Dafür und für noch viel mehr also: Danke!

Hartmut Jaeger/
Joachim Pletsch (Hrsg.)
**Biblische Lehre
für junge Leute**
Das Arbeitsbuch für Bibelunterricht,
Teenykreis, Schule und Familie

Biblische Lehre für junge Leute ist ein grundlegendes Werk
für den systematischen Bibelunterricht mit Teenagern.
Das Programm umfasst 22 Themenkreise biblischer Lehre
und aktueller Themen wie Sektenkunde oder Okkultismus.
Jede Lektion kann in drei bis vier Unterrichtsstunden erarbeitet werden.

Gebunden, 376 Seiten
Best.-Nr.: 273.843
ISNB 978-3-89436-843-2
EUR (D) 19,90 | EUR (A) 20,50 | SFR 29,50

Hartmut Jaeger/
Joachim Pletsch (Hrsg.)

**Biblische Lehre
kompakt**
188 Fragen und Antworten

Dieses Kompendium informiert systematisch über die wichtigsten biblischen Lehrthemen. Zugeschnitten auf den biblischen Unterricht, bietet es biblische Lehre im Überblick, Antworten auf 188 Fragen und einen Leitfaden zur schnellen Orientierung bei einzelnen Themen.

Tb., 224 Seiten
Best.-Nr.: 273.877
ISNB 978-3-89436-877-7
EUR (D) 7,90 | EUR (A) 8,10 | SFR 11,90

Christiane Volkmann (Hrsg.)
Mit Kindern
die Bibel entdecken

Band 1
Schwerpunktthema:
Markus-Evangelium

Mit Kindern die Bibel entdecken ist Unterrichtsmaterial für die Sonntagsschule, die Kinderstunde, den Kindergottesdienst und den Religionsunterricht. Es besteht aus vier Bänden mit jeweils 52 Lektionen, von denen jeder ein Evangelium als Schwerpunktthema hat. Der Mitarbeiter findet wichtige Hinweise mit Fakten zu den biblischen Geschichten, eine Beschreibung der Situation der Kinder, viele Ideen für den Einstieg (Spiele, Rätsel, Gesprächsimpulse usw.), eine ausführliche Anleitung zur Durchführung und vielfältige Anregungen zur Vertiefung. Alle Bildmaterialien, Arbeitsblätter und sonstige Abbildungen befinden sich als druckfertige Vorlagen auf einer beigefügten CD.

Gebunden, 432 Seiten
Best.-Nr.: 273.581
ISNB 978-3-89436-581-3
EUR (D) 19,90 | EUR (A) 20,50 | SFR 29,50

Evangelische
Bekenntnisschulen

- seit über 35 Jahren ein wachsendes Netzwerk
- qualitativ hochwertige Grund- und Sekundarschulen, Gymnasien und Kitas
- staatlich anerkannt in freier Trägerschaft
- engagierte Lehrer/-innen, die in der persönlichen Nachfolge zu Jesus Christus stehen

www.vebs-online.de

Wir suchen ständig weitere Lehrer/-innen!